国際競争力

松本和幸 著

文眞堂

はしがき

　戦後の日本経済を大きく見渡すと，1950年代から1980年代前半まではトレンドとしては総じて拡大基調であったものが，1990年代初頭からは縮小ないし横這い基調となった。そして，2012年頃からは回復の兆しが現れるようになってきたのである。すなわち，戦後1980年代までの経済成長は世界的にも特筆される成功例として注目されたのであるが，その後の20年余に及ぶ低迷もまた，主要国に先例の無いものとして注目されてきたのである。

　そのようなことから，多くの研究者や経済関係者が，その原因を探ろうとしてきたのであるが，本書の目的も，国際競争力という観点からこの問題について再検討することである。

　あらかじめ，結論の一部を先取りして述べるならば，日本経済の劇的とも言える衰退と長期低迷の主な原因は2つであり，第1は急激かつ過大な円高であり，第2は大規模な資産価格の下落であったものと考えられる。もちろん，すべてが可逆過程であるとは限らない。

　なお，本書のタイトルである「国際競争力」という言葉は，必ずしも経済学の専門用語とはみなされていないという面がある。新聞やテレビ報道などでは日常的に使われているにもかかわらず，経済学用語としての定義は必ずしも定まっていないので，この機会にその点も併せて考察したい。

　本書の構成は次のとおりである。序章では，日本経済の成長の軌跡を辿る。第2章では，国際競争力の基本的な考え方について整理する。第

3章では，国際競争の結果として表れる指標（成果指標）について検討するとともに，いくつかの指標の国際比較を行う。第4章では，為替レート変動の影響について検討する。第5章では，地価と株価を中心に資産価額変動の影響について考える。そのなかで，アメリカの金融危機についても考察する。第6章では，その他の国際競争力に影響を及ぼす要因を採り上げる。終章は本書のまとめである。

　本書の執筆に際して，実に多くの方々のお世話になりました。演習等では，浅沼万里先生，青木昌彦先生，佐和隆光先生，小松雅雄先生。共同研究等では，浅子和美先生，吉川洋先生，谷口洋志先生，Katharine Abraham 先生，経済界等では，小林喬氏，山本雅司氏，村山俊晴氏，鎌田實英氏に大変お世話になりました。研究機関では，財務総合政策研究所，経済産業研究所から多大なご支援を頂戴しました。記して心から感謝の意を表します。出版に際しては，帝京大学経済学部研究活性化基金の助成を頂き，代表される沖永佳史先生ならびに廣田功先生に篤く御礼申し上げます。また，文眞堂の前野弘太氏には出版に関する様々なご助言とご協力を頂いたことに感謝いたします。

　最後に，私事にわたって甚だ恐縮ですが，松本雅子，英司，有希，松本康子に感謝したいと存じます。

2016年5月　松本　和幸

目　　次

はしがき

序章 ……………………………………………………………… 1

第2章　国際競争力の考え方 ………………………………… 4
　2.1　論議の萌芽 ……………………………………………… 5
　2.2　批判的な考え方 ………………………………………… 7
　2.3　いくつかの事例 ………………………………………… 8
　2.4　本書の考え方 ……………………………………………17
　2.5　付加価値の帰属 …………………………………………20

第3章　国際競争力の関連指標 ………………………………24
　3.1　ユニット・コスト ………………………………………24
　3.2　輸出と純輸出 ……………………………………………29
　3.3　生産性 ……………………………………………………33

第4章　為替レート ……………………………………………39
　4.1　はじめに …………………………………………………39
　4.2　外国為替市場の状況 ……………………………………40
　4.3　円高の効果 ………………………………………………42
　4.4　主要な為替レートの推移 ………………………………48
　4.5　通貨当局の為替レート制御力 …………………………62
　4.6　公的介入に関する考え方 ………………………………69

4.7　円の相応レート ……………………………………………… 71
　4.8　PPP ……………………………………………………………… 73

第 5 章　資産効果 …………………………………………………… 76
　5.1　はじめに ……………………………………………………… 76
　5.2　日本の株式価額 ……………………………………………… 77
　5.3　日本の土地価額 ……………………………………………… 81
　5.4　1980 年代のアメリカの銀行破綻 ………………………… 82
　5.5　リーマン・ショック ………………………………………… 87

第 6 章　その他の要因 ……………………………………………… 92
　6.1　海外生産 ……………………………………………………… 92
　6.2　研究開発と生産技術 ………………………………………… 94
　6.3　ICT …………………………………………………………… 103
　6.4　観光産業 ……………………………………………………… 106
　6.5　自動翻訳 ……………………………………………………… 109

終章 …………………………………………………………………… 112
　7.1　考え方 ………………………………………………………… 112
　7.2　政策 …………………………………………………………… 116

補論 …………………………………………………………………… 124
　中間値の定理 ……………………………………………………… 124
　市場の恣意性 ……………………………………………………… 124
　事業と企業の乖離 ………………………………………………… 125
　差額指標 …………………………………………………………… 126
　学習 ………………………………………………………………… 127

想定現状 …………………………………………………… 127
　　　アルキメデスの公理 ………………………………………… 128
付表　WEFの国際競争力の全要素（112変数）……………………… 129
参考文献…………………………………………………………………… 132
索引………………………………………………………………………… 136

序章

　日本経済について概説した書物は少なくないが、ここであらためて簡単に、戦後の日本経済の変動（成長率）を見ると（図1-1参照），1950年代から1973年頃までの復興・高成長期，それから1991年頃までの中成長期，それから近年までの低成長・低迷期と，大体3つに分けられることがわかる。
　それらの転換点は，1973年は第1次石油危機であり，1991年（前後）は円高後のバブル崩壊であった。昨今議論になっているのは，2013～2016年が新たな成長への転換点になりそうかどうかという点である。

　このような長期変動のなかでも，とりわけ，1990年代初頭以降は極めて厳しい状態が続いたことが明らかである。なぜなら，それまでは総じてプラス成長であったものが，1992年からは，1～2%程度の低成長またはマイナス成長を繰り返すという状態に陥っただけでなく，それが20年以上にわたって続いたからである。
　今や我々はそのような長期低迷にさほど驚かなくなってきたが[1]，先入観なく物を見ると，これほどの長期低迷は，日本経済において希有なことであるだけでなく，世界の主要国においても前例の無いことのようである。

1　失業率がそれほど高くないこともあってか，あまり深刻には受けとめられてないように思われるが，不況の月数でみれば，戦前に発生した数度の恐慌さえ上回る期間なのである。

ちなみに，日本経済の絶対規模（名目国内総生産）をみると，ピークは 1997 年の 523 兆円であり，直近の 2015 年はそれより 4.6% 小さい 499 兆円となっている。なお，現在，SNA 統計の 15 年振りの改訂作業（1993 SNA から 2008 SNA への移行）が進められており，2016 年内に発表される予定の新統計（改訂値）では，細かい増減動向や符号等は変更される可能性はあるが，大局的な動向は上述のとおりであろうと思われる。

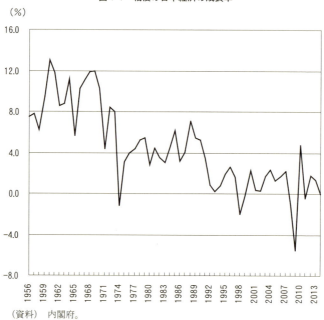

図 1-1　戦後の日本経済の成長率

（資料）　内閣府．

ここで GDP と並ぶ基本的な変数である日本の人口について要点だけを整理しておこう。表 1-1 は，国立社会保障・人口問題研究所による，1930 年から 100 年間の年齢別の人口推移である（予測を含む）。ただし，年齢区分は一般によく用いられる 15 歳ではなく 20 歳にしてある[2]。

---

[2]　ここでは，高校卒業時と大学卒業時の中間の年令という意味と「成人」という 2 つの意味から，20 歳をとっている。

よく知られていることであるが,日本の人口変動に関して特徴的なことは2つある。第1は人口減少で,第2は少子高齢化である。総人口については,総務省統計局の推計結果も併せて照査すると,2010年(平成22年)をピークとして減少していく見通しである。一方,高齢化の方は,開始年は特定しにくいが,一つの見方としては,1960年代には既に始まっていたとも言える。

いずれにしても,1990年代から20年余にわたる長期不況の期間は人口増加期間であるから,直接の関係性は認めにくい。ただし,今後の日本経済の再生過程は,人口減少過程であるので,何らかの制約要因になる可能性はある(中位予測では,年率0.51%で人口減少)。

表1-1 年齢別人口の推移と予測

年	人 口 (1,000人)				割 合 (%)		
	総 数	0〜19歳	20〜64歳	65歳以上	0〜19歳	20〜64歳	65〜74歳
1930	64,450	30,119	31,267	3,063	46.7	48.5	4.8
1940	71,933	33,746	34,733	3,454	46.9	48.3	4.8
1950	83,200	37,996	41,090	4,109	45.7	49.4	4.9
1960	93,419	37,375	50,694	5,350	40.0	54.3	5.7
1970	103,720	33,887	62,502	7,331	32.7	60.3	7.1
1980	117,060	35,779	70,562	10,648	30.6	60.3	9.1
1990	123,611	32,493	75,897	14,894	26.3	61.4	12.0
2000	126,926	25,961	78,731	22,006	20.5	62.0	17.3
2005	127,768	24,090	77,524	25,672	18.9	60.7	20.1
2010	128,057	22,867	74,968	29,245	17.9	58.5	22.8
2011	127,799	22,781	75,266	29,752	17.8	58.9	23.3
2012	127,515	22,597	74,125	30,794	17.7	58.1	24.1
2013	127,298	22,437	72,962	31,898	17.6	57.3	25.1
2020	124,100	20,146	67,830	36,124	16.2	54.7	29.1
2030	116,618	16,984	62,784	36,849	14.6	53.8	31.6

(資料) 国立社会保障・人口問題研究所。

第2章
国際競争力の考え方

　近年,「国際競争力」という言葉をよく耳にする。日本において,国際競争力が以前より強く意識されるようになったことの背景には,数年前まで約20年間も経済の低迷が続いたことがあるのであろう。ようやく脱しつつあるとは言え,未だに,日本経済の絶対規模（名目国内総生産）が1997年水準に達しないというほどの厳しい経済情勢が続いてきたのである。

　ただし,国際競争力は,長期不況を経験した日本に限らず,他の国々においても,長年にわたる重大な関心事であり続けてきた。たとえば,古くは,経済学の祖とされるアダム・スミスも,「国富論」において,国民の富の源泉に関する考察を行った。言わば,国力（国際競争力）に関する考察が経済学の端緒となったという側面も無くはないのである。近年における別の例では,第二次大戦後の東西対立下,資本主義と社会主義の優劣が議論された際,軍事力や宇宙開発などと並んで,最終的には経済力が比較対象となったことがある。最近はそこまで険しい対比は無くなってきたが,今日においても,世界経済フォーラム（The World Economic Forum）などの機関から,年々,国々の国際競争力ランキングが発表されている。ただし,文献によって,「国際競争力」という言葉の定義は必ずしも共通ではないので,まずは言葉の意味を吟味するところから始めたい。

2.1 論議の萌芽

今日,「国際競争力 (international competitiveness)」という言葉は,報道においても学術論文などにおいても,かなり広範に使われているが,経済学の専門用語としてみた場合,その定義は厳密には定まっておらず,一度,再検討する必要があるように思われる。

この言葉の語源を辿ると,compete(競争する)から competitive(競争の)という形容詞や competitiveness(競争力)という名詞が派生したものである。そして,OED (Oxford English Dictionary) によれば,「competitive」という言葉は 1830 年頃から使われてきたものとされている。

(1) ヤング・レポートについて

「国際競争力」という言葉が,経済分野の日常用語として定着することになった要因の1つは「ヤング・レポート」であったように思われる。それは,アメリカの大統領産業競争力委員会 (President's Commission on Industrial Competitiveness) の委員長ジョン・ヤング (John A. Young)[3] の下で,1985 年に発表された報告書 (Global Competition: The New Reality) である。当時のアメリカでは,多くの産業分野で国際競争力の喪失が問題化し,大論争が行われていた時期だったので,ヤング・レポートも相当の注目を浴びた模様である。

ただし,この報告書の内容は,研究的な論文というよりは,むしろ政策提言であり,「月面を最初に歩いたのはアメリカ人なのだ」というように,ややアメリカ人の愛国心を鼓舞するような書きぶりになっている。そして,海外からのチャレンジにより,国内の雇用が失われ,生活

---

[3] 当時,ヤング氏は Hewlett Packard 社の社長であった。

水準の維持が困難になってきている,と国際競争上の危機感に訴えるような内容である。この報告書で提案・提言されている事項は多岐にわたるが,主要な点はおおよそ次のとおりである。

①研究開発の促進

 研究開発のインセンティブのための税制改正,共同研究のための独占禁止法改正,科学技術教育の充実,知的所有権の保護強化

②資本コストの低減(実質的には金利の低下)

 財政再建,資本市場における規制緩和

③人的資源の活用

 教育の充実,労働市場の流動化の促進,ストックオプション等による労働のインセンティブの強化

④貿易政策の見直し

 監視強化[4],輸出の促進

(2) ヤング・レポートにおける国際競争力の定義

ヤング・レポートにおける国際競争力の定義をみると,「国際競争力とは,国家が,国際市場における評価に適うような財サービスを生産できる能力のことである。ただし,それは同時に国民の実質所得を維持・増大するものでなければならない。」と述べられている。大意をとると,国際競争力とは,国内総生産,および1人当たり国民所得を総合したもののことである,と考えられる。

(3) 競争力評議会

大統領産業競争力委員会の報告の後,ヤングらによって,1986年に

---

[4] たとえば,円高の際に,日本の国内価格を換算して,アメリカへの輸出価格が十分値上げされたかを頻繁にモニタリングし,ダンピング提訴を繰り返すことで,日本の輸出企業を牽制した。そのように,近年の円安の際に,近隣国からの輸入価格が当該国の国内価格と対比して十分に値上げされたかを常にモニタリングしなければ,円安による価格競争力の改善効果は十分には発揮されない。

ワシントンDCに本部を置くNPO「競争力評議会（Council on Competitiveness）」が設立され，今日まで，競争力に関するレポートを発表したり，討論会を開くなどの啓蒙活動が続けられている[5]。そのうちレポートは，1987年以降，1～2年に1冊のペースで発表されてきており，最近では，2015年に技術戦略を論じた，"Advanced Technologies Initiative: Manufacturing & Innovation"が出版されている[6]。

なお，若干補足すると，競争力評議会のメンバーの一人であったマイケル・ポーターは，その後，経営戦略や競争戦略など，競争力というテーマで多数の著作を行ったことで知られている[7]。

2.2　批判的な考え方

一方で，「国際競争力という考え方には問題がある」という批判的主張は，かなり前から行われてきた。アメリカでは，ノーベル経済学者のポール・クルーグマンがその代表格であり，日本でも小宮隆太郎らの批判が知られている。

批判の要点は，たとえ品目レベルではコスト競争力等の国際競争力というものが定義できたとしても，必ずしも国レベルでは定義できない，というものである。たとえば，クルーグマンは，Krugman（1994）において，国の国際競争力を比較する場合，一方の国が，すべての産業で劣位になるのではなく，何らかの産業では比較優位を持つのだから，国全体に関するランク付けは意味が無い，というような主張を行っている。

しかしながら，個別産業ごとに国際競争力（とりわけコスト競争力）

---

[5] 現在の運営の中心は，President & CEO が Deborah Wince-Smith で，Chairman が Sam Allen となっている。
[6] Ackerman・Palmisano 等による 2005 年のレポート "Innovate America" も，アメリカのイノベーション戦略を論じたものとして注目されている。
[7] ただし，競争力に関するさまざまな定義がやや外延的であり，ともすればアドホックに使われる面があるという批判が，アメリカ国内においては見受けられるようである。

が定義可能だとすれば,全産業の合計についても(少なくとも形式上は)同様のものが定義可能ではある。それを国の国際競争力と呼ぶことができなくはないので,使い方を慎重にすればそれでよいのではないか,という見解もある。

しかも,比較優位論を静学的に無批判に受け入れると,先進国は高付加価値の商品を作り続け,開発途上国は低付加価値の商品を作り続ける,という構造から脱せられない恐れもある。むしろ,「低付加価値商品ばかりに比較優位を持つような国は国際競争力が弱い」というような視点に立って,経済をダイナミックに捉える方がよい場合も少なくない。実際,アジアNIES諸国やその他の東アジア諸国のなかには,選択的に比較劣位産業まで育成することにより,今日の経済を様変わりさせてきた国々が少なくないのである。

2.3 いくつかの事例

上述したように,国際競争力という考え方のなかでも,「国の国際競争力」という考え方には批判があり,とりわけ,「国のランキング」に対しては厳しめの批判が多い。しかし,そうした批判を受け入れつつ,長年にわたって国の国際競争力ランキング等を発表してきた機関がいくつかあるので,それらの内容を考察してみよう。

(1) 世界経済フォーラム

スイスのジュネーブに本部を置く世界経済フォーラム(WEF, World Economic Forum)は,長年にわたって国の国際競争力ランキングを発表してきた機関の代表格であるが,それに留まらず,観光,女子労働,環境など,さまざまなテーマに関して,国別ランキングを発表してきた。

WEFが謳う自身のミッションは,「グローバル・シチズンシップの精

神に則り，パブリック・プライベート両セクターの協力を通じて，世界情勢の改善に取り組む国際機関として，ビジネス界，政界，学界および社会におけるその他のリーダーと連携し，世界・地域・産業のアジェンダを形成する」というものになっている。

　WEF の国際競争力ランキングについては，その推計手法と推計結果は，ほぼ毎年発表される "The Global Competitiveness Report"（国際競争力レポート）に掲載されている。たとえば，World Economic Forum (2015) の推計手法の部分を見ると，「国際競争力とは生産性水準を決定する要素の組み合わせである」と定義されている。

　もう少し具体的に述べると，まず，

　　　1人当たり生産水準＝ f（変数 1，変数 2，…，変数 n）

という関数を推計する。そこで，1人当たり生産額，または，推計された｛変数 1，変数 2，…，変数 n｝の組み合わせ，または，それらのランキングを，国際競争力と定義する。

　実際の推計結果によると，変数は 112 個あり（n=112），それらを 12 種類の pillar と呼ばれるカテゴリーに分類している。

　言い換えると，WEF では，国際競争力とは「1人当たり生産額」のことであると定義したうえで，それを説明できる諸変数を上記の関数によって求めているのである。

　WEF の国際競争力の諸変数に対する評価はさまざまではあるが，かなり詳細な検討が行われていることと，評価手法が一般に開示されていることから，それなりに広く参照されているようである。とりわけ，どのような要素が国際競争力と関係性を持つのかは大いに参考になるので，表 2-1 に 12 のカテゴリーを示すとともに，文末の付表（127-129 ページ）に 112 変数を表で示しておいた。

表2-1 WEFの国際競争力のカテゴリー

社会制度・体制
インフラ
マクロ経済環境
保健衛生・初等教育
高等教育・研修
商品市場の効率性
労働市場の効率性
金融資本市場の発達
技術力
市場規模
ビジネス環境
研究開発・イノベーション

(資料) World Economic Forum.

　なお,このようにして推計された国際競争力の性質であるが,絶対的な大きさは意味を持たず,順位だけが意味を持つ順序統計量となっている(ノンパラメトリックな統計量となっている)。

　現時点における最新ランキングは"GCI 2015-2016"すなわち,"The Global Competitiveness Index 2015-2016"として発表されている。140位まである中の上位50位を示したものが表2-2である。

表 2-2 国際競争力ランキング上位 50 ヵ国

1	スイス	26	韓国
2	シンガポール	27	イスラエル
3	アメリカ	28	中国
4	ドイツ	29	アイスランド
5	オランダ	30	エストニア
6	日本	31	チェコ
7	香港	32	タイ
8	フィンランド	33	スペイン
9	スウェーデン	34	クウェート
10	イギリス	35	チリ
11	ノルウェイ	36	リトアニア
12	デンマーク	37	インドネシア
13	カナダ	38	ポルトガル
14	カタール	39	バーレーン
15	台湾	40	アゼルバイジャン
16	ニュージーランド	41	ポーランド
17	アラブ首長国連邦	42	カザフスタン
18	マレーシア	43	イタリア
19	ベルギー	44	ラトビア
20	ルクセンブルク	45	ロシア
21	オーストラリア	46	モーリシャス
22	フランス	47	フィリピン
23	オーストリア	48	マルタ
24	アイルランド	49	南アフリカ
25	サウジアラビア	50	パナマ

(資料) World Economic Forum.

(2) 競争力評議会

　上述したとおり，競争力評議会は，1986 年にジョン・ヤング等によって設立されたものであるが，その後も，1〜2 年に 1 冊程度のペースで報告書を発表してきている。最近発表された報告書は Deloitte (2015) であり，その中に，製造業の競争力ランキングが発表されているので，ここに挙げておいた（表 2-3 参照）。

　この表は製造業を対象としているので，表 2-2 のような国全体とは異

なる結果であることは当然ではあるが，中国のランキングが2つの表で大きく異なる点が目立つ。また，アメリカの製造業のランキングが，物づくりに強いと見られている，ドイツや日本より上位にあることも注目される。

表2-3 競争力評議会による製造業のランキング

1	中国
2	アメリカ
3	ドイツ
4	日本
5	韓国
6	イギリス
7	台湾
8	メキシコ
9	カナダ
10	シンガポール
11	インド
12	スイス
13	スウェーデン
14	タイ
15	ポーランド
16	トルコ
17	マレーシア
18	ベトナム
19	インドネシア
20	オランダ

（資料）　Deloitte (2015).

(3) IMD

IMDは，スイスに本部を置くビジネススクールで，経営教育を行うこと以外に，World Competitiveness Centerという部署から，国際競争力に関する年報である "IMD World Competitiveness Yearbook" を発表していることで知られている。

IMDが評価基準として用いている変数は342個で，経済パフォーマ

ンス (84 個), 政府の効率性 (71 個), ビジネスの効率性 (71 個), インフラ (116 個) となっており, 極めて膨大な要素が勘案されている点で特徴的である。それによって推計された 2015 年のランキングは表 2-4 のとおりである。

表 2-4 IMD による国際競争力ランキング (2015 年)

1	アメリカ	16	アイルランド
2	香港	17	ニュージーランド
3	シンガポール	18	オーストラリア
4	スイス	19	イギリス
5	カナダ	20	フィンランド
6	ルクセンブルク	21	イスラエル
7	ノルウェイ	22	中国
8	デンマーク	23	ベルギー
9	スウェーデン	24	アイスランド
10	ドイツ	25	韓国
11	台湾	26	オーストリア
12	アラブ首長国連邦	27	日本
13	カタール	28	リトアニア
14	マレーシア	29	チェコ
15	オランダ	30	タイ

(資料) IMD.

(4) 日本経済研究センター

日本経済研究センターは, 日本を代表する民間シンクタンクであり, とりわけ実証的な経済研究で有名である。国際競争力の関係では, 数年前からしばらく, 潜在競争力ランキングを発表したことがある。そこで, この種の報告書のなかでは一番新しい「世界 50 カ国・地域潜在力調査 (2011 年 3 月 28 日発表)」を見てみよう。

ランキングの基準にしているのは,「今後 10 年間の 1 人あたり国内総生産の増加額」である。調査の対象国は 50 ヵ国・地域となっている。推計手順は次のとおりである。

①まず，競争力に関係が深いとみられる8分野を選ぶ。8分野とは，国際化，企業の輸出競争力と生産性，教育水準，金融面，政府の関係，科学技術，インフラ，情報技術である。
②8分野に属する数個の指標について，国内総生産増加額との関係式を推計する。
③1人あたり国内総生産増加額に対する各分野の寄与率を主成分分析によって求める。

推計された2010年のランキングは表2-5のとおりである。主な推計結果は下記のとおりである。
①競争力ランキング1位は香港，2位はシンガポール，3位はアメリカである。香港は2006年調査以来連続で首位となっている。
②アメリカについては，「政府」，「金融」で競争力が低下しているが，「科学技術」，「国際化」，「教育」などは依然高い。
③日本は2009年調査と同じ14位であった。日本の強い分野は「科学技術」，「企業」で，弱い分野は「政府」，「インフラ」，「金融」である。

表2-5 日本経済研究センターによる国際競争力ランキング（2010年）

1	香港	11	カナダ
2	シンガポール	12	アイルランド
3	アメリカ	13	フランス
4	ドイツ	14	日本
5	スイス	15	デンマーク
6	スウェーデン	16	フィンランド
7	オランダ	17	韓国
8	ノルウェー	18	台湾
9	イギリス	19	オーストラリア
10	ベルギー	20	ニュージーランド

（資料）　日本経済研究センター。

他機関のさまざまな国際競争力推計においては，使用されている指標がなぜ採用されたのかが明らかでない場合があったり，各指標の評価ウエイトが示されてない場合があったりするが，日本経済研究センターの手法は，「1人当たり国内総生産が競争力を示す」という明確な考え方の上に立って，明示的な手順で推計されているので，そこから極めて有益な情報を得ることができる。

以上で述べた諸機関以外に，ランキングを付けてはいないものの，国際競争力という考え方を重視し，それを改善する方策等についてコメントしている機関がある。以下の (5) (6) で，そのうちの2つを記す。

(5) 競争政策委員会（Competitiveness Policy Council）

このアメリカの諮問委員会は，1988年の「貿易および国際競争力法」によって設置が定められたものである。委員は12名で，委員長は国際経済研究所（IIE, Institute for International Economics）のバーグステン（Fred Bergsten）であった。

第1回報告書（1992年3月）のタイトルは，「Building a Competitive America」であり，報告書の主な提言内容は次のとおりであった。

①貯蓄投資バランスの改善

　貯蓄を増加し，それによって投資を増加させる。

②教育の改善

　科学分野における学校教育の水準を引き上げる。

③技術力の改善

　商品開発段階における応用技術の見直し。

④コーポレート・ガバナンスの改善

　企業が長期的な最適化行動ができるようなガバナンスが必要。

⑤健康保険制度の改善

　財政を圧迫している健康保険制度を抜本的に見直し（国民負担の増

加),財政の改善を図るとともに,より多くの予算を戦略的に重要な分野に振り向ける。

⑥貿易政策の見直し

高付加価値商品の輸出を促進することにより,1995年までに経常収支をバランスさせる。

(6) アメリカ会計検査院(GAO, General Accounting Office)の報告書[8]

報告書(1993年8月)のタイトルは,"Competitiveness Issues"であり,報告書の主な内容は次のような事実関係の整理になっている。

①コーポレート・ガバナンス

アメリカの投資家は分散投資をするが,日本やドイツでは,大型金融機関が主要株主かつ安定株主になっている。アメリカでは,企業の目的が株主への配当額の最大化にあるが,日本やドイツでは,企業の長期的成長がより重視される。アメリカでも株主の機関化現象が進展してきたとは言え,それは売買目的であるから,株価や株式投資利回りが重視される。

②生産システム

日本の系列システムの有利な点は,企業の安定性,取引コストの削減などであり,不利な点は,斜陽産業における過剰設備投資,系列外企業に対する閉鎖性などである。

③金融機関と企業の関係

日本やドイツでは,メインバンクが企業のモニタリングを行い,それが企業の的確な経営に役立っている。アメリカの企業はそれほど金融機関に依存的ではない。ただし,日独より資本市場が発達して

---

8 アメリカ会計検査院は,2004年7月7日に名称変更され,General Accounting Office から Government Accountability Office になった。

おり，そこから資金を調達できる。

④商慣習・独占禁止法

アメリカと比べると，日本やドイツの企業は，企業関係，株式持ち合い，情報共有などに関して，安定的な関係を維持してきた。労使関係も同様である。また，独占禁止法そのものに大差はないが，実際の運用面ではかなり大きな違いがあり，アメリカでは企業の共同行為には大きい制約がある。

以上のように，いくつかの機関による国際競争力の推計手法と推計結果をみると，付加価値ないし国内総生産が重視されていること，ランキングそのものは推計機関によってかなり大きいバラツキがあること，などがわかる。

2.4　本書の考え方

上記の議論を踏まえて，この節では，国際競争力の定義を再考する。その際，とりわけ次の3点に留意する。

①経済学の基礎を作った1人とされるスコットランド人アダム・スミスは，「諸国民の富は，その国民の年々の労働によって生産されるものである」という考え方を唱えた。今日，国際競争力を考えるうえでも，その考え方はベースに置かれるべきであると考える。

②国際競争力という考え方を広めた，ジョン・ヤング委員長の率いる大統領産業競争力委員会は，「国際競争力は，国内総生産および1人当たり国民所得によって測られる」としたが，この考え方も拠り所とする。

③国際競争力ランキングを発表している研究機関のうち，WEFなどでは，「国際競争力とは，国内総生産または1人当たり国内総生産で

ある」としている。

このうち、①を少し補足すると次のとおりである。毎期毎期に生産される価値は、労働と資本によって生み出されるものであると考えられる。そのうち、資本の部分を何万年となく遡っていくと、元々はすべてが労働から生み出されたものであることがわかる。

図2-1を見ながら、人類の歴史を辿っていくと、人々の労働によって生まれた付加価値のうち、ある部分は消費されるが、別の部分は道具や住居などの資本ストック、または貨幣的性質を有する資本として貯蓄され、次期に引き継がれていくものと考えられる。

すなわち、図2-1において、t期末の資本の源泉を辿ると、それらはすべて過去の労働に帰着する。ただし、それを各期ごとに見ると、毎期の付加価値を生んでいるものは、期初の資本と当期の労働であるとも言えるのである。

図2-1 労働と付加価値

(資料) 著者作成。

以上の考察から、本書では、「国の国際競争力は、基本的には、『国全体の国内総生産』と『1人当たり国民所得』の2つの指標によって測られるものである」とする。(さらに、三面等価の原則により、「1人当たり国民所得」は「1人当たり国内総生産」で概ね近似し得るものと考える。)

また、「名目国内総生産」および「1人当たり国民所得」は、水準だけでなく成長率も重要である。水準と成長性の両方が重要である理由は、高成長を続けていても所得水準が低いような開発途上国や、所得は高水準でも停滞を続けているような先進国については、国際競争力の評

2.4 本書の考え方

価を正しく下げるためである。

なお，2指標の水準と伸び率を用いて測る場合，実際の組み合わせとしては，次表の，AとD，または，BとCで測るのが妥当であると考えられる。

	近年の伸び率	現在の大きさ
1人当たりのGDP	A	B
国全体のGDP	C	D

ただし，A，B，C，Dを直接測る方法でなくても，下記のような関係式を推計してから，{変数1，変数2，…，変数n}の組み合わせを代理変数として用いるという方法もある。

国内生産額の水準＝f（変数1，変数2，…，変数n）

国内生産額の伸び率＝f（変数1，変数2，…，変数n）

1人当たり国民所得の水準＝f（変数1，変数2，…，変数n）

1人当たり国民所得の伸び率＝f（変数1，変数2，…，変数n）

このように，基本的な考え方としては，「1人当たりのGDP」および「国全体のGDP」の2指標の水準と伸び率を用いて国際競争力を測ることとしたが，実際の推計においては，もう少し具体的な点まで決めなければならない。

もちろん，細かい手順を決めれば決めるほど一般性を失って，賛同者が減ることになるが，とりあえず，ここではBとCで測るものとし，さらに，BとCの評価ウエイトを等しいものと考える。こうして，2012年から2015年を対象年として実際に計測すると，1つの試算として表2-6を得る。

20　第2章　国際競争力の考え方

表2-6　国際競争力のランキング

1	アメリカ
2	アイスランド
3	スイス
4	アイルランド
5	シンガポール
6	香港
7	カタール
8	イギリス
9	イスラエル
10	韓国
11	デンマーク
12	ニュージーランド
13	ドイツ
14	スウェーデン
15	台湾
16	アラブ首長国連邦
17	ベルギー
18	オランダ
19	ノルウェー
20	フィンランド
27	中国
32	日本

（資料）著者作成。

［分配に関する補足］

　近年はいわゆる「分配」に対する関心が高まっているが，ここでは，主に資源の「配分」に重点を置いて考察している。ただし，両者は独立ではない可能性があり，所得格差が国内総生産に影響を与える可能性に留意する必要がある。ここでは，そのような場合まで含めて，最終的な配分の結果で測ったという意味である。

2.5　付加価値の帰属

　上述のとおり，国際競争力は，国内総生産，または，1人当たり国内

総生産（または，1人当たり国民所得）で測るのであるから，ここで，国内総生産（GDP）について，基本的なことを確認しておきたい。

　個別企業で考えると，その企業に所属する従業員や資産（流動資産，固定資産）が生み出したものが付加価値であり，外部から購入した原材料，燃料，および，外部に委託したサービスなどは，その企業の付加価値には含まれない。
　すなわち，
　　　収益－費用＝利益
であるから，
　　　収益＝費用＋利益
　　　　　＝｛人件費＋減価償却費＋金利＋賃借料＋租税公課｝＋
　　　　　　｛原材料費＋燃料費＋光熱水道料＋外注委託費｝＋利益
となり，さらに，
　　　粗付加価値額＝｛人件費＋減価償却費＋金利＋賃借料＋租税公課｝
　　　　　　　　　＋利益
　　　非付加価値額＝｛原材料費＋燃料費＋光熱水道料＋外注委託費｝
という形に整理できる。

　ここで注意すべき点は，国内生産で付加価値が生まれると，それは国民の所得になり，日本の税収や購買力の源泉になるのだが，図2-2のとおり，その付加価値が海外生産によって発生するときは，外国の所得になるのである（僅かに利益の部分だけが日本企業に帰属するが）。
　したがって，円高で海外生産の方が有利になり，生産が海外に移るような場合，それによって，個別の企業レベルではコストが削減され，企業利益が増加するであろうが，国全体でみると，付加価値の流出と減少が生じるのである。

言い換えると，海外生産化のような場合には，個別企業の利益最大化行動が，国のマクロ経済全体にとっては，国内総生産の減少行動を意味することになるのである。

以上の考察から，政府・中央銀行が採るべき政策は，出来得る範囲において，自由な市場における企業の最適化行動が，そのまま国のマクロ経済全体の増大につながるように，さまざまな経済条件を整えることであると考えられる。

図2-2　海外生産化によって減少する日本のGDP

| 人件費 | 減価償却費 | 金利 | 賃借料 | 租税公課 | 利益 |

失われるGDP

（資料）　著者作成。

昨今，コーポレート・ガバナンス（corporate governance，企業統治）という考え方が浸透してきており，ステークホルダー（stakeholder，利害関係者）の範囲に関する議論が以前よりも活発に行われるようになってきた。広義のステークホルダーとしては，顧客，従業員，投資家，債権者，仕入先，地域社会，行政機関などが挙げられるが，そのなかで，企業の所有者（主権者，統治者）は誰か，という議論がある。

日本においては，企業は株主のものであるだけでなく従業員のものでもある，という意識がアメリカよりも強いとされている。しかしながら，そのような考え方は，会計学的な裏付けを伴ってないという側面がある。

実務においては，損益計算書・株主資本等変動計算書を作成する際に，従業員の人件費は費用項目の１つに過ぎず，結局のところは，当期純利益を，株主配当，および，内部留保に分配する形になっているのである。

そこで，1つの試案としては，まず，売上高から「人件費以外のすべての費用」を控除したものを求める。それを，人件費，株主配当，内部留保の3つに分配する，という形式にすることが考えられる。

図 2-3　新たな損益計算書のイメージ

(資料)　著者作成。

第3章

国際競争力の関連指標

　第2章においては，国際競争力はどのような指標で測るべきかについて検討したが，それ以外にも，国際競争力と関係が深い指標はいくつかあり，実務上は国際競争力の代理変数のように用いられてきた経済指標がある。この章では，それらについて考察する。

3.1　ユニット・コスト

(1)　ユニット・コストの定義

　ユニット・コスト（Unit Costs）とは，「生産物1単位当たりの生産費用」のことである。言うまでもなく，数値が大きいほどコスト競争力が弱いことを意味する。ただし，同一品質の製品の単価を比較することは極めて困難であるから，ユニット・コストの絶対水準を比較することは難しい。そのため通常は，ある時点の値を100とした指数，すなわち，ユニット・コスト指数の形で用いられる。それによって，相対的な変化率を比較することができるのである。

　ユニット・コストの1つは，人件費に注目するものである。「生産物1単位当たりの人件費」は，ユニット・レーバーコスト（Unit Labor Costs）と呼ばれる。一方，すべての生産コストを算入して測る，「生産物1単位当たりの総費用」は，ユニット・トータルコスト（Unit Total Costs）と呼ばれる。

すなわち，

$$\text{ユニット・レーバーコスト (ULC)} = \frac{\text{人件費}}{\text{生産量}}$$

$$\text{ユニット・トータルコスト (UTC)} = \frac{\text{総生産費用}}{\text{生産量}}$$

である。

ここで，たとえば，「粗鋼1トン当たり生産コスト」とか「乗用車1台当たり生産コスト」などを念頭に置いて考えると，次のようなことが言える。

① 品目分類を十分に細かくすれば，ある程度は，コスト面の競争力の比較に用いることができる。
② ユニット・コストに，品質やブランド力などを含む総合的な競争力は反映されないが，コスト面の競争力はある程度測れる。

(2) 1980年代の日米のユニット・コスト

1970年代の終わり頃から1985年辺りまでは，日米間でコスト競争力が大きく拡大した時期である。とりわけ1980年代前半におけるドル高に対するアメリカ国内での批判が大きかったので，それを是正するために，1985年9月にニューヨークのプラザホテルで，大幅なドルの切り下げが協議され合意された。

松本・二木ほか (1989) では，当時のユニット・レーバーコストやユニット・トータルコストなどの日米のコスト競争力の比較が行われている。そのうち，機械産業を含む部分は表3-1のとおりである。

ちなみに，機械産業（一般機械，電気機械，輸送機械，精密機械）は日米のユニット・コストがもっとも大きく乖離した産業である。たとえば，電気機械のユニット・トータルコスト（1977年＝100）をみると，1986年に，日本は87.95であるが，アメリカは145.24となっている。

表 3-1　1980 年代の日米のユニット・コストの変動

(1977 年 = 100)

業種	年	日本				アメリカ			
		実質生産	労働生産性	ULC	UTC	実質生産	労働生産性	ULC	UTC
一次金属	1979	109.87	118.58	96.17	97.95	107.62	101.17	118.53	120.38
	1982	112.16	126.33	108.34	108.03	69.64	90.56	158.27	149.74
	1986	101.61	131.27	119.64	96.61	69.60	112.38	144.72	141.97
	77〜82(%)	2.32	4.79	1.61	1.56	△ 6.98	△ 1.96	9.62	8.41
	82〜86(%)	△ 2.44	0.96	2.51	△ 2.76	△ 0.01	5.55	△ 2.21	1.32
金属製品	1979	114.63	116.75	98.35	102.96	105.56	98.31	115.33	119.04
	1982	127.38	126.88	109.22	111.32	90.23	96.17	149.01	146.09
	1986	145.56	138.13	115.08	113.54	98.76	108.24	159.40	155.91
	77〜82(%)	4.96	4.88	1.78	2.17	△ 2.04	△ 0.78	8.30	7.88
	82〜86(%)	3.39	2.15	1.32	0.49	2.28	3.00	1.70	1.64
一般機械	1979	119.88	121.90	92.68	100.05	116.17	100.43	114.61	117.21
	1982	150.54	147.52	91.61	102.37	106.62	101.49	143.99	140.57
	1986	202.11	178.23	87.08	100.30	148.64	166.26	109.30	113.93
	77〜82(%)	8.53	8.09	△ 1.74	0.47	1.29	0.30	7.56	7.05
	82〜86(%)	7.64	4.84	△ 1.26	△ 0.51	8.66	13.13	△ 6.66	△ 5.12
電気機械	1979	122.00	120.58	94.07	95.49	117.67	103.78	109.87	111.71
	1982	177.83	147.13	90.00	96.07	121.74	109.56	139.97	134.92
	1986	278.38	187.26	79.89	87.95	148.29	131.60	147.21	145.24
	77〜82(%)	12.20	8.03	△ 2.09	△ 0.80	4.01	1.84	6.96	6.17
	82〜86(%)	11.86	6.22	△ 2.93	△ 2.18	5.06	4.69	1.27	1.86
自動車・同部品	1979	127.09	123.17	97.03	100.87	95.46	93.78	120.15	116.92
	1982	161.65	145.30	98.48	103.85	60.58	86.24	158.45	157.79
	1986	212.57	175.20	95.83	104.20	95.19	114.92	152.20	167.87
	77〜82(%)	10.08	7.76	△ 0.31	0.78	△ 9.54	△ 2.92	9.64	9.55
	82〜86(%)	7.09	4.79	△ 0.68	0.08	11.97	7.44	△ 1.00	1.56
精密機械	1979	126.11	123.01	91.46	99.13	114.01	106.04	108.81	112.86
	1982	154.10	144.53	92.83	95.68	122.91	110.19	139.38	138.81
	1986	185.98	175.12	89.77	92.10	135.34	129.26	145.59	150.48
	77〜82(%)	9.03	7.64	△ 1.48	△ 0.88	4.21	1.96	6.87	6.78
	82〜86(%)	4.81	4.92	△ 0.83	△ 0.95	2.44	4.07	1.10	2.04
製造業計	1979	111.74	114.94	98.91	101.14	106.20	99.85	116.11	119.19
	1982	121.79	122.15	110.28	117.73	95.45	99.16	147.81	150.30
	1986	142.70	136.33	113.17	107.28	110.00	119.20	151.17	143.64
	77〜82(%)	4.02	4.08	1.98	3.32	△ 0.93	△ 0.17	8.13	8.49
	82〜86(%)	4.04	2.78	0.65	△ 2.30	3.61	4.71	0.56	△ 1.13

(注)　ULC はユニット・レーバーコスト，UTC はユニット・トータルコスト。
(資料)　松本・二木ほか (1989)。

すなわち，この9年間だけでも，日本企業のユニット・コストはアメリカ企業を 57.3 ポイントも下回ったことがわかる。

しかしながら，実際には，そうした企業の合理化努力を大きく上回る

円高によって，日本企業のコスト競争力は著しく悪化していったのである。すなわち，1985年2月平均の1ドル260円と2012年1月平均の1ドル77円で測ると，3.38倍（238%高）にも達する著しい円高になっただけでなく，円高水準がその後30年間近く続いたのである。

(3) 近年の製造業のユニット・コスト

より最近までを含むユニット・コストの長期時系列データとしては，アメリカ労働省の労働統計局（BLS, Bureau of Labor Statistics）による製造業国際比較統計が比較的よく知られている。この節では，それを用いて，近年のユニット・レーバーコストを比較してみよう。

この国際比較統計では，国ごとに各国通貨ベースで測ったユニット・レーバーコストと，それをドル換算したものとが掲載されている。言うまでもないが，国際市場においては，ドル換算されたユニット・コストが国際競争力を示すのである。

表3-2は，各国通貨ベースでみたものである。2011年における日本の指数は各国中もっとも小さい。すなわち，ここに表示された国の中では，もっともコスト上昇率が小さかったことがわかる。また，アメリカも日本に次ぐ高いコスト競争力を持っていることがわかる。

ところが，表3-3で，ドルベースのユニット・レーバーコストをみると，2011年の日本のコスト指数は，これらの国の中で最悪なのである。もちろん，人件費以外のユニット・コスト等も比較すべきであり，計測期間も何通りか変えてみる必要はある。しかし，いずれにしても，明らかな点は，「日本企業のコストダウン自体は世界のトップレベルではあったが，円高の効果がそれを大きく上回って日本企業のコスト競争力を悪化させた」のである。

第3章 国際競争力の関連指標

表 3-2 主要国のユニット・レーバーコスト（各国通貨ベース）

(1970年=100)

	日本	アメリカ	イギリス	フランス	ドイツ	イタリア	スウェーデン	フィンランド	韓国	台湾
1970	100.0	100.0	100.0	100.0	100.0	100.0	100.0	100.0	100.0	100.0
1975	185.7	126.7	202.3	166.2	138.5	184.7	164.2	216.5	191.0	183.7
1980	211.3	178.2	416.9	258.5	174.3	307.2	248.9	309.5	517.9	256.7
1985	217.5	197.9	519.2	382.5	197.3	546.8	331.3	429.6	680.8	313.3
1990	218.7	208.2	653.8	423.1	226.8	699.1	456.7	520.2	928.2	401.9
1995	222.1	208.4	683.8	435.9	265.3	777.5	410.8	485.6	1,400.0	455.9
2000	199.4	200.0	741.5	412.8	259.4	841.4	369.4	418.1	1,202.6	410.7
2001	206.4	203.3	748.5	418.4	260.5	869.4	396.3	430.5	1,266.7	416.3
2002	201.2	194.6	769.2	427.4	265.3	900.9	373.1	411.5	1,282.1	370.4
2003	187.1	193.6	768.5	423.9	259.9	954.1	360.4	398.4	1,266.7	356.3
2004	174.4	179.6	755.4	422.2	250.9	966.7	332.5	388.1	1,316.7	350.0
2005	161.2	177.2	761.5	417.9	242.2	969.4	321.3	386.4	1,370.5	343.0
2006	155.1	174.9	773.1	417.9	228.9	964.0	304.5	358.0	1,348.7	334.8
2007	145.9	171.4	770.8	415.0	222.5	976.6	314.6	336.6	1,341.0	312.2
2008	144.9	182.3	784.6	441.5	237.7	1,040.5	342.9	361.7	1,343.6	314.8
2009	155.1	182.3	820.0	461.1	289.1	1,146.8	398.5	444.0	1,398.7	287.4
2010	133.6	165.8	826.2	443.2	264.2	1,075.7	328.7	401.6	1,389.7	260.4
2011	140.4	166.7	806.9	444.4	258.6	1,102.7	326.9	412.3	1,305.1	264.8

（資料）Bureau of Labor Statistics.

表 3-3 主要国のユニット・レーバーコスト（ドルベース）

(1970年=100)

	日本	アメリカ	イギリス	フランス	ドイツ	イタリア	スウェーデン	フィンランド	韓国	台湾
1970	100.0	100.0	100.0	100.0	100.0	100.0	100.0	100.0	100.0	100.0
1975	224.4	126.8	188.0	214.3	205.8	177.7	205.7	247.5	123.1	193.9
1980	333.9	178.4	405.7	337.9	349.6	225.5	305.2	349.0	266.2	285.3
1985	326.7	198.0	281.9	235.3	244.5	179.8	199.9	291.6	246.8	314.8
1990	540.7	208.4	488.2	429.1	511.7	366.6	400.2	572.1	407.8	598.3
1995	847.4	208.5	451.8	483.1	675.3	299.8	298.5	467.7	565.8	689.4
2000	662.9	200.2	470.7	320.9	446.6	252.1	209.1	273.1	332.2	526.6
2001	608.3	203.6	450.9	315.5	434.7	252.4	198.9	272.6	306.4	493.0
2002	575.8	194.7	483.9	340.2	467.5	276.3	199.2	275.2	320.3	429.6
2003	578.0	193.8	525.9	404.2	548.5	350.2	231.5	319.0	331.9	414.7
2004	578.1	179.7	579.7	442.2	582.0	390.0	234.8	341.3	359.2	420.4
2005	524.8	177.4	580.2	438.3	562.1	391.5	223.3	340.4	418.3	427.5
2006	478.1	175.1	596.6	442.1	536.1	392.9	214.3	318.0	441.4	412.9
2007	444.2	171.6	646.1	479.2	568.9	434.4	241.5	326.3	451.0	380.7
2008	502.4	182.5	609.3	547.5	652.7	497.1	270.2	376.9	381.8	400.2
2009	593.7	182.4	537.9	541.3	750.9	518.5	270.2	437.5	342.6	348.6
2010	545.7	165.8	534.3	494.8	653.5	462.6	236.7	376.6	375.5	331.0
2011	631.5	166.9	542.0	521.1	671.6	498.1	261.5	406.2	368.1	361.3

（資料）Bureau of Labor Statistics.

3.2 輸出と純輸出

国際競争力に関連する指標として，輸出額が参考にされることが少なくない。

ある商品の輸出額は，国際市場におけるその商品に対する需要量を示すものだからであろう。その一方で，輸出額は他の要因に影響されるという側面がある。2つの例を挙げると，第1は，企業がある商品を供給する方法としては，輸出と現地生産があるので，一概に輸出額だけで物事を論じることはできないのである。第2は，開発途上国の中には，多額の対外債務の返済財源を稼ぐために，過度の輸出ドライブをかける国があるからである[9]。

そうしたことから，単純に輸出額だけを参照するのではなく，他の指標も併用する必要はあるが，多くの先進国に関しては，輸出額は国際競争力を反映していることが多いものと考えられる。

ここで，次のように変数を定義する。

輸出額：E

輸入額：M

国内生産額：X

国際競争力の代理変数としては，次のようなものが利用されている。

$$E,\ E-M,\ \frac{E-M}{E+M},\ \frac{E}{E+M},\ \frac{E-M}{X},\ \frac{E}{X}$$

これらの輸出額や輸入額を用いた指標の便利な点は，産業別または品目別に分析できることや，国・地域の相互の力関係を測ることができる点である。

ここで，1994年と2014年の20年間の輸出額のランキングをグラフ

---

[9] この点は，たとえば，Krugman（1994a）においても指摘されている。

でみたものが，図3-1と図3-2である。最近，著しく伸びてきたのは中国であるが，アメリカやドイツもトップグループを保っている。日本は第4位ではあるものの，第5位以下のオランダや韓国と大差ないところまで低下してきた。

表3-4で，各国の輸出額シェアをもう少し詳しく見ると次のような特徴が挙げられる。

①中国の世界シェアは，2014年に12.5%（2015年暫定値13.9%）になるなど，かつて日本が問題にされた10%ラインを大きく超えている。

②アメリカは2000年頃までは11〜12%であったものが，21世紀に入ってからは低下している。ただし，近年でも8〜9%のシェアは維持している。

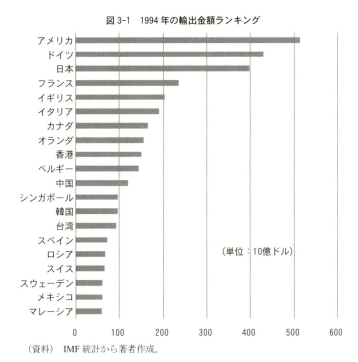

図3-1　1994年の輸出金額ランキング

（単位：10億ドル）

（資料）　IMF統計から著者作成。

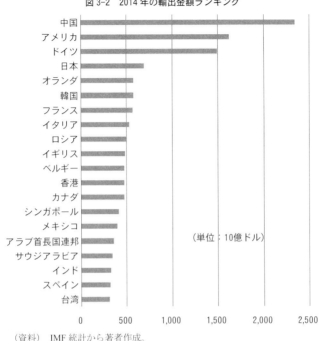

図3-2 2014年の輸出金額ランキング

(資料) IMF統計から著者作成。

③ドイツは若干低下気味であるが8％以上を維持している。

④韓国はウォン安等を背景に急速に拡大しており，既に3％台に達している。

⑤日本は，1983年から1995年までは8〜10％あったものが，急速な低下により3％台まで落ち込んできている。

表 3-4　各国の輸出額と世界シェア

	金額（10億ドル）						世界シェア（%）					
	1980	1990	2000	2005	2010	2014	1980	1990	2000	2005	2010	2014
世界	1,938.8	3,446.5	6,364.3	10,375.2	15,120.8	18,674.3	100.0	100.0	100.0	100.0	100.0	100.0
中国	18.1	62.1	249.2	762.0	1,578.3	2,343.2	0.9	1.8	3.9	7.3	10.4	12.5
アメリカ	225.6	393.6	781.9	901.1	1,278.5	1,623.4	11.6	11.4	12.3	8.7	8.5	8.7
ドイツ	192.9	410.1	550.1	977.9	1,261.6	1,492.5	9.9	11.9	8.6	9.4	8.3	8.0
日本	130.4	287.6	479.3	594.9	769.8	690.2	6.7	8.3	7.5	5.7	5.1	3.7
オランダ	84.9	131.8	213.4	349.8	492.7	574.3	4.4	3.8	3.4	3.4	3.3	3.1
韓国	17.5	65.0	172.3	284.4	466.4	572.7	0.9	1.9	2.7	2.7	3.1	3.1
フランス	116.0	216.6	298.7	443.6	517.0	568.0	6.0	6.3	4.7	4.3	3.4	3.0
イタリア	78.1	170.5	239.9	372.9	446.9	528.1	4.0	4.9	3.8	3.6	3.0	2.8
ロシア			105.0	243.8	392.7	497.8			1.7	2.3	2.6	2.7
イギリス	110.1	185.1	283.2	382.9	410.1	477.6	5.7	5.4	4.4	3.7	2.7	2.6
ベルギー			187.8	335.7	407.1	474.1			3.0	3.2	2.7	2.5
香港	19.8	82.2	201.9	289.3	390.1	473.7	1.0	2.4	3.2	2.8	2.6	2.5
カナダ	67.7	127.6	276.6	360.7	387.5	469.9	3.5	3.7	4.3	3.5	2.6	2.5
シンガポール	19.4	52.7	137.8	229.6	351.9	405.3	1.0	1.5	2.2	2.2	2.3	2.2
メキシコ	18.0	40.7	166.4	213.9	298.1	397.7	0.9	1.2	2.6	2.1	2.0	2.1
アラブ首長国連邦	20.7	23.5	49.8	117.3	220.0	359.0	1.1	0.7	0.8	1.1	1.5	1.9
サウジアラビア	109.1	44.4	77.5	180.7	251.1	342.3	5.6	1.3	1.2	1.7	1.7	1.8
インド	8.6	18.0	42.4	99.6	226.4	322.5	0.4	0.5	0.7	1.0	1.5	1.7
スペイン	20.7	55.5	113.3	191.0	246.3	318.9	1.1	1.6	1.8	1.8	1.6	1.7
台湾	19.8	67.1	147.8	197.8	274.6	313.8	1.0	1.9	2.3	1.9	1.8	1.7
オーストラリア	21.9	39.8	63.9	105.8	212.3	241.2	1.1	1.2	1.0	1.0	1.4	1.3
マレーシア	12.9	29.5	98.2	140.9	198.6	234.1	0.7	0.9	1.5	1.4	1.3	1.3
スイス	29.6	63.8	74.9	126.1	185.8	227.6	1.5	1.9	1.2	1.2	1.2	1.2
タイ	6.5	23.1	69.0	110.2	193.4	225.2	0.3	0.7	1.1	1.1	1.3	1.2
ブラジル	20.1	31.4	55.1	118.5	201.9	225.1	1.0	0.9	0.9	1.1	1.3	1.2
ポーランド	14.2	13.6	31.7	89.3	159.8	218.9	0.7	0.4	0.5	0.9	1.1	1.2
インドネシア	21.9	25.7	65.4	87.0	158.1	176.3	1.1	0.7	1.0	0.8	1.0	0.9
チェコ			29.0	78.0	133.0	175.0			0.5	0.8	0.9	0.9
オーストリア	17.5	41.1	64.2	117.7	144.9	169.2	0.9	1.2	1.0	1.1	1.0	0.9
スウェーデン	30.9	57.5	87.7	130.9	158.1	162.6	1.6	1.7	1.4	1.3	1.0	0.9

（資料）　IMF: International Financial Statistics

ところで，図 3-3 は，関税によって国内生産を保護する場合に失われる総余剰を説明したものであり，ミクロ経済学等で広く使われる図である。この図において，関税の導入によって，消費者余剰と生産者余剰の合計は d + f だけ減少する（死荷重損失が発生する）ので，経済厚生

は低下することになる。

　ただし，それとは別の視点に立って，国内に帰属する粗付加価値額（GDP）だけに注目すると，この図のような場合には，GDPは，GOS_0HからEOS_1Fに増加するのである。さまざまな条件に依存するものと思われるが，ときには，国内生産面にも留意する必要があるように思われる。

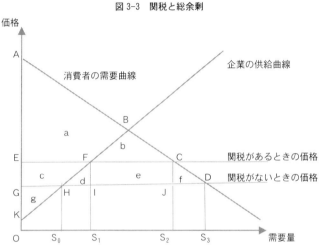

図 3-3　関税と総余剰

（注）　ここに，a：四角形 AEFB，b：三角形 BFC，c：四角形 EGHF，d：三角形 FHI，e：四角形 FIJC，f：三角形 CJD，g：三角形 GKH である。
（資料）　著者作成。

3.3　生産性

(1)　生産性の定義

　生産性（Productivity）とは，生産量と投入量の比率のことである。そのうち，投入されるものは何種類かあるので，それに応じて，何種類かの「生産性」が定義できる。それを数式で表記すると以下のとおりである。

生産量：Y
資本：K
労働：L
エネルギー：E
原材料：M
購入ビジネスサービス：S
使用される L と K の荷重平均値：L&K

とおくと，

労働生産性：$\dfrac{Y}{L}$

資本生産性：$\dfrac{Y}{K}$

2 要素生産性：$\dfrac{Y}{L\&K}$

となる。

なお，よく知られているとおり，生産関数を Cobb-Douglas 型に特定化するときは，労働分配率 α，および資本分配率 β を用いて，

$$Y = cL^{\alpha}K^{\beta}$$

と書けるので，

2 要素生産性指数　$T = \dfrac{Y}{cL^{\alpha}K^{\beta}}$

となり，

2 要素生産性伸び率　$\dfrac{\dot{T}}{T} = \dfrac{\dot{Y}}{Y} - \alpha\dfrac{\dot{L}}{L} - \beta\dfrac{\dot{K}}{K}$

となる。

（ただし，2 要素が全要素であると考えることが多く，その場合は，これを全要素生産性と呼んでいる。）

アメリカ労働省の労働統計局（Bureau of Labor Statistic）では，*KLEMS* の 5 要素生産性のことを多要素生産性（multifactor productivity）と呼んでいる。

すなわち，5 要素の加重平均値を $K\&L\&E\&M\&S$ と表記すると，

$$\text{多要素生産性}: \frac{Y}{K \& L \& E \& M \& S}$$

である。

(2) 生産性指数の推移とその性質

　論理的には，さまざまな生産性が向上すると，それによって，国際競争力が強化されて，生産が増加していくように考えられる。しかしながら，実際には，生産性の方が，生産量（または生産額）によって決まるという，逆の面を有していることがよく知られている（100％同じ意味ではないが procyclicity of productivity から生じるものである）。すなわち，次の2つの因果関係のうち，後者の方が現実に近いという考え方である。

　　　生産性上昇　　→　経済成長率上昇

　　　何らかの原因　→　経済成長率上昇　→　生産性上昇

　図3-4は，日本およびアメリカのそれぞれについて，TFP上昇率と経済成長率の変動を並べて図示したものである。本来の生産性というものが，技術的な性質を表すものであるとするなら，毎期毎期に大きく生産効率が変動するとは考えにくいし，また，ほとんどピッタリと経済成長率と同じ変動を示すようなことも考えにくいのである。

　したがって，ここで求められたような計算式による生産性は，procyclical な性質を持ち，「経済成長　→　生産性上昇」という関係性が強いものと考えられる。

　言い換えると，日本の生産性の伸び率が低下しているとしても，何か別の要因を改善することによって，生産量が着実に伸びるようになれば，生産性の伸びも結果としてそれについてくる，ということも含意しているのである。

36　第3章　国際競争力の関連指標

図3-4　日米のTFP上昇率と経済成長率

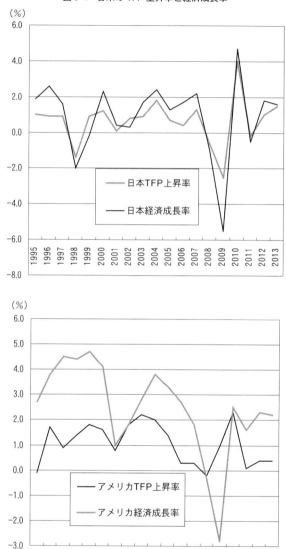

(資料)　日本生産性本部データより著者作成。

ところで，日米の製造業のコスト競争力がかなり接近した時期としてよく挙げられるのは，1970年と1980年の間のどこかであることが多い。そこで，1970年＝100として，日米英の労働生産指数のグラフを描くと図3-5のようになる。

日本は，1980年代の終わり頃までは，アメリカを引き離していったが，いわゆる「失われた20年」によって（図3-5では2002年に），アメリカに追い抜かれた。また，リーマン・ショックによる生産性の落ち込み方も，本当に問題のあったアメリカよりも深いものとなっている。これは，日本では，ちょうどそのときに，記録的な円高化と重なったことによるものと思われる。

最後に，図3-6で，日本，アメリカ，ドイツ，韓国のTFP上昇率を比較すると，経済成長率の高い韓国のTFP上昇率が群を抜いており，それにアメリカとドイツが続いている。日本は，長年にわたって不振であったが，ここ数年は，アメリカやドイツを上回ることもあるように

図3-5 日米英の労働生産性指数の推移（1970年＝100）

（資料）日本生産性本部データ。

38　第3章　国際競争力の関連指標

図3-6　日本・アメリカ・ドイツ・韓国のTFP上昇率

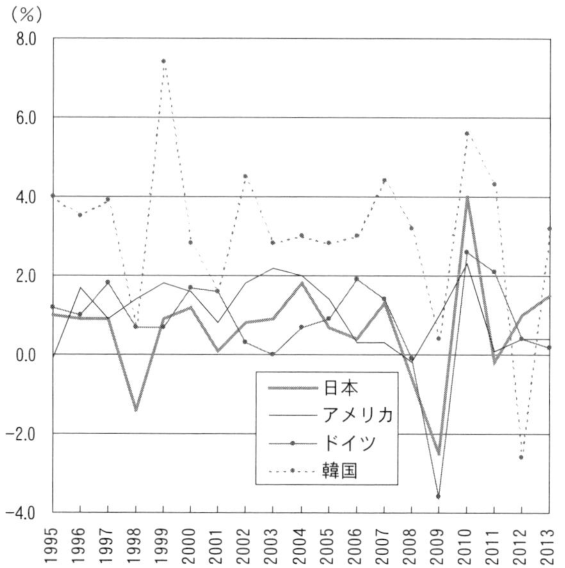

(資料)　日本生産性本部データ。

なってきた。

第4章

為替レート

4.1 はじめに

　為替レートは国際競争力に極めて大きい影響を与える要素の1つであると考えられている。そして，世界の主要国の通貨の中で，過去40年間にもっとも大きく切り上がったのは日本円であるという事実がある。そこで，本章では，国際競争力と為替レートの関係について考察してみよう。

　以下では，主要通貨の呼び方は表4-1の通りとする（ただし，必要に応じて，これ以外の呼称を用いることがある）。また，為替レートの上昇率・下落率の表示は次のとおりとする。日本円の対ドルレートを例にとると，まずドル／円の為替レートを求める。そして基準年からの上昇率を求める。たとえば，250円／ドルから100円／ドルまで切り上がったとすると，それは，0.004ドル／円から0.01ドル／円への上昇なので，上昇率は，$\dfrac{0.01 - 0.004}{0.004} = 1.5 = 150\%$ となる。

表 4-1　主要国の通貨単位

国・地域	通貨単位	ISO code
日本	円, 日本円	JPY
アメリカ	ドル, 米ドル, USD	USD
カナダ	カナダドル	CAD
オーストラリア	オーストラリアドル	AUD
イギリス	ポンド, UKポンド	GBP
スイス	スイスフラン	CHF
ドイツ	ユーロ	EUR
フランス	ユーロ	EUR
ベルギー	ユーロ	EUR
中国	人民元, 元	CNY
シンガポール	シンガポールドル	SGD
韓国	韓国ウォン, ウォン	KRW
台湾	ニュー台湾ドル	TWD
タイ	バーツ	THB
フィリピン	フィリピンペソ	PHP
ベトナム	ドン	VND
香港	香港ドル	HKD
マレーシア	リンギット	MYR
インドネシア	ルピア	IDR
インド	ルピー, インドルピー	INR
ロシア	ルーブル	RUB

(資料)　著者作成。

4.2　外国為替市場の状況

まず初めに，世界の外国為替市場の状況を，BIS（国際決済銀行，Bank for International Settlements）から3年ごとに発表される「Triennial Central Bank Survey」で見てみよう。現時点における最新版は2014年2月に発表されたBIS（2014）である。

表 4-2 は，各年4月の月間1日当たり平均の外国為替取引高を示している。直近の2013年では，1日平均5兆3450億ドル（600兆円程度）と，

日本の名目 GDP を若干上回る規模であり，また，2001 年から 2013 年の 12 年間の年平均伸び率は 13.0% であった。

外国為替取引高はこれほどの規模であるから，以前は，一国の通貨当局といえども，それをコントロールすることは不可能に近い，という見方が先入観として存在したが，今日では，ある程度の経済規模の国の通貨当局には可能であるだけでなく，（一介の）民間投機筋でさえ，タイミングを選び，高度な金融手法を用いれば，それを動かし得る，という見方が有力になっている。

表 4-2 世界の外国為替市場の取引高

（単位：10 億 米ドル）

年	2001	2004	2007	2010	2013
取引高	1,239	1,934	3,324	3,971	5,345

（資料）BIS.

通貨別に内訳を見ると，表 4-3 のとおり，米国ドル 43.5%，ユーロ 16.7%，日本円 11.5%，イギリスポンド 5.9%，オーストラリアドル 4.3% である。中国の人民元は，資本規制等が厳しいため市場取引規模はそれほど大きくはないが（2013 年はメキシコペソ以下），貿易の決済通貨としては大きいウエイトを占めていることから，IMF では世界第 3 位の「主要通貨」という位置づけを行っている[10]。

一方，取引の国別では，イギリスが 40.9%，次がアメリカ 18.9%，シンガポール 5.7%，日本 5.6% の順になっており，イギリスやシンガポールの大きさが際立っている。

---

10 2015 年 11 月に，人民元を SDR 構成通貨として採用することが決定され，2016 年 10 月から実施される。その結果，SDR の通貨構成は，ドル 41.73%，ユーロ 30.93%，人民元 10.92%，日本円 8.33%，ポンド 8.09% となる。

表 4-3 外国為替取引の内訳

（単位：100 万米ドル，％）

通貨別			国別		
米ドル	4,652,192	43.5	イギリス	2,725,993	40.9
ユーロ	1,785,720	16.7	アメリカ	1,262,799	18.9
日本円	1,231,249	11.5	シンガポール	383,075	5.7
イギリスポンド	631,173	5.9	日本	374,215	5.6
オーストラリアドル	461,689	4.3	香港	274,605	4.1
スイスフラン	275,472	2.6	スイス	216,394	3.2
カナダドル	244,089	2.3	フランス	189,878	2.8
メキシコペソ	135,280	1.3	オーストラリア	181,709	2.7
人民元	119,563	1.1	オランダ	112,268	1.7
その他	1,152,670	10.8	その他	950,511	14.2

（注）　2013 年 4 月の 1 日当たり平均額である。
（資料）　BIS．

4.3　円高の効果

　為替レート変動の効果に関しては，極めて誤解が多いと思われるので，まず初めに，円ドル・レートを例にして，為替レートの変動効果について，初心者向けに整理しておきたい．専門家の方々は，本節（4.3）は読み飛ばしていただいても結構である．
　まず，円高になる場合を考える．円高の主な効果は次の 4 つである．このうち，① の輸出減少効果についてはよく報道されるが，② の効果はあまり強調されないので，特に留意する必要がある．
　①輸出品のドル建価格が上昇（輸出競争力の低下）
　②輸入品の価格低下（輸入品の価格低下と競争力上昇，国内物価の下落）
　③過去の対外投資資産の評価減
　④生産地の海外移転（国内総生産の減少，粗付加価値の海外流出）
　以下では，仮設として，円ドル・レートが，「1 ドル 200 円から 1 ド

ル100円まで円高化」した場合を考える．さらに，ここに，10万円で国内生産されてきた日本製テレビと，500ドルで海外生産された韓国製テレビがあるとする．また，輸送コストや流通コストは省略して議論する．

この場合，ドル円・レートに置き換えてみると，「1円0.005ドルから1円0.010ドルへの円高」であるから，

$$円の切り上がり率 = \frac{0.01 - 0.005}{0.005} = 1.0 = 100\%$$

である．

(1) 輸出品のドル建価格が上昇

このケースでは，日本製テレビは，国内で1台10万円なので，これまでは，海外市場では1台500ドルであったものが，円高後の為替レートでは，1台1000ドルに換算される．しかし，そこまで大幅な値上げは国際競争上無理なので，次の2つの中間になると考えられよう．

(a) 海外のドル価格を500ドルのままで据え置く：手取りは5万円になるので，企業にとっては1台につき5万円の収益減になる．

(b) すべて価格転嫁する：これまでと同じ10万円を得るために，1台1000ドルに値上げする．海外販売価格は2倍になる．企業のコスト分はカバーできるが，価格が2倍になるため販売数量は減少する（そこまで大幅な値上げをすると，販売数量はほとんどゼロになるだろう）．

ところで，為替レートの増価率に対する，ドル建て輸出価格の上昇率のことを輸出価格転嫁率と呼ぶ．すなわち，

時点0，および，時点tにおける，ドル円・レートを，それぞれX_0, X_1とし，ドル建て輸出価格指数を，それぞれP_0, P_1とすると，

この 2 時点間の価格転嫁率は,

$$\frac{\frac{P_t - P_0}{P_0}}{\frac{X_t - X_0}{X_0}}$$

となる。

　最近期をみると，2007 年 6 月から 2011 年 10 月まで円高化したときの，対米輸出価格への転嫁率を上式で求めると 69.9% であった。すなわち，約 70% は購入者に負担してもらい，約 30% は企業側で吸収したことになる。（ただし，為替レートと価格の変化の間には時間的なズレがあるので，厳密に対応するわけではない。）

　ところで，もとの売買契約が円建てになっている場合は，（自動的に）ドルベースの価格に転嫁されるので，直ちには，その企業に損失は発生しないように見えるが，実際には，競争的な商品であれば，値上げによってその企業の商品は売れなくなり，市場を失うことになるので，中長期的にみると，契約通貨が何であるかとは関係なく，円高差損が発生することが多いものと考えられる。

　契約通貨はいくつかあるうえ，上述したように，為替レート変動と輸出価格変動の間にはラグがあるので，厳密な価格転嫁率を求めることは難しいが，大体の特徴を把握するために，プラザ合意のあった 1985 年 1 月を基準時点として，ドルベースで，そこからの累積価格転嫁率を求めると，図 4-1 のとおりである。1980 年代は大体 50% ぐらいであったものが，徐々に低下してきて，近年は 20% 前後になっている。国際競争力上，値上げする余地が乏しくなってきた可能性を示唆しているものと思われる。

図 4-1 累積価格転嫁率

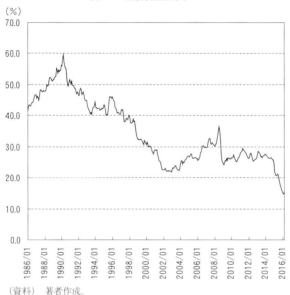

（資料）著者作成。

　なお，円高のマイナス面は，「ドル建の製品価格が上昇して採算性が悪化すること」であるが，円高のプラス面は，「投入原材料が値下がりすること」であるとして，円高のプラス面が強調されることがある。しかしながら，2011年時点で，製造業の中間投入に占める輸入は約20%に過ぎないので，プラス面は必ずしも大きくはないのである。それよりも，固定性（fixity）を持った生産要素のコスト負担が重いのである。

図 4-2 コストと付加価値のイメージ

（資料）著者作成。

(2) 輸入品の価格低下

(1)と同じように，円ドル・レートが，「1ドル200円から1ドル100円まで円高化」，そして，10万円で国内生産されてきた日本製テレビと，500ドルで海外生産されてきた韓国製テレビがあるとする。

日本国内において，これまで10万円で販売してきた韓国製テレビは，今後も日本製品と同じ10万円のままで据え置いて巨額の利益を手にすることもできるし，最安の場合は5万円まで値下げしても以前と同じ500ドルを得ることができるのである。

すなわち，いつでも効果的なタイミングで機敏に5万円まで値下げして，日本メーカーにダメージを与えることができるのである。しかも，現実の円ドル・レートは，プラザ合意頃の1ドル250円前後から2010年代の1ドル80円前後まで凡そ3倍にもなったので，事実はこの設例を遙かに上回るものであった。

(3) 過去の対外投資資産の評価減

これはよく知られていることではあるが，公的年金基金や生命保険会社などは資金の一部を海外証券で運用してきた。そこで，たとえば，1ドル200円だったときに，アメリカ国債を1000億円（5億ドル）購入した場合，その後の円高で1ドル100円になれば，価値が500億円（5億ドル）になるので，500億円分の損失となる。

実際には，再評価を余儀なくされる税務会計学上の規準はそれほど単純ではないし，短中期の場合は為替変動をリスクヘッジできるので，それほどストレートな話ではないが，大きく捉えれば，円高によってそうした為替差損が発生するのである。昨今の対外証券投資の残高は約400兆円であるから，10円／ドル程度の円高になると，潜在的には約40兆円の評価減になるのである。その逆に，2013年頃からの円安は，巨額の利益ならびに含み益を日本企業（とりわけ機関投資家）にもたらした

表 4-4 わが国の対外資産残高（2014 年末）

（単位：10 億円）

対外資産残高計			945,273
	直接投資残高		143,940
	証券投資残高		410,056
		うち株式	64,427
		うち投資ファンド持分	79,229
		うち中長期債券	260,856
	金融派生商品残高		56,342
	その他投資残高		183,854
	外貨準備		151,080

（資料） 財務省「本邦対外資産負債残高」。

のであった。参考までに，2014 年末現在のわが国の対外資産残高をみると，表 4-4 のとおり，中長期債券だけでも 261 兆円あるので，円安による 10％程度の円安でも 26 兆円の含み増になるのである。

(4) 生産地の海外移転

この節で想定しているような大幅な円高が長期間持続すると，日本企業は，生産地を海外移転することによって，それに適応しようとするのである。海外移転により，企業の損益だけをみれば，従前以上の利益が確保できる場合さえあるが，日本国のマクロ経済全体をみると，粗付加価値の多くが海外流出してしまうので，その分，国内総生産が減少するのである。

たとえば，これまで日本人労働者に支払われていた賃金が海外労働者に支払われるようになるので，国民所得は減少し，個人消費などの国内総支出も減少するのである。

4.4 主要な為替レートの推移

いくつかの主要通貨のうち,ここでは,ドイツ通貨,韓国ウォン,人民元,スイスフラン,日本円,アメリカドルの為替レートについて考察する。

(1) ドイツ通貨

国際競争力に関する限り,ドイツは,EU(欧州連合)の代表的国家として,日本と対比されることの多い国である。ドイツの企業からみた為替レートを,長期的な視点で考察する場合,古くはドイツマルクを参照し,近年はユーロを参照することになる。すなわち,1999年1月に,ドイツなどのEU加盟11ヵ国にユーロが導入されたことから,それ以前はドイツマルク対ドルレートを求め,それ以後はユーロ対ドルレートを求めて,両者を接続することにする。

接続時の交換レートは,1ユーロ = 1.95583ドイツマルクと決められたこと,1999年1月4日にユーロの市場取引が開始されたときに,ユーロの実勢レートが,1ユーロ = 1.1754〜1.1758ドルであったこと,の2つから,接続時における交換レートは次のように求められる。

  1ユーロ = 1.95583ドイツマルク ≒ 1.1756ドル

  1ドイツマルク = 0.511292ユーロ ≒ 0.601075ドル

このように「ドイツ通貨」の長期系列を求めてから,それを日本円と比較したものが図4-3である。すなわち,この図では,ドル/円・レートと,ドル/ドイツ通貨・レートを用いている。そして,プラザ合意の少し前の1985年1月の値を100とした指数で表示している。したがって,上方に行くほど,その通貨が切り上がったことを意味する。

この図を見ると，30年間にわたって，日本円の方が大幅に増価しているが，とりわけ重要な点として，次の3つが指摘できる。

① ドイツ通貨は，プラザ合意時に，日本円と同じように切り上がったが，その後は一方的に増価するようなことはなく，日本円に置き換えれば，1ドル135～140円に相当する水準の周辺で推移してきた（約25年間）。

② 最近の2016年3月の水準は，日本円で言えば，1ドル150円に相当する水準になっている。

③ 2012年9月の円高のピーク時には，日本円はドイツ通貨より67.8％も高い水準であった。

図 4-3　ドル／円とドル／ドイツ通貨の推移

（資料）　著者作成。

(2) 韓国ウォン

韓国は，近年著しく存在感を増してきたライバル国である。図4-4は，円／ドルとウォン／ドルを対比したものである。観察期間の取り方によって，受ける印象がかなり異なることがあるので，まずは広範囲に見る必要があると思われる。

日本円については，プラザ合意前後の円高期間（1985年2月の260円／ドルから1987年12月の121円／ドルに，円が2.1倍になった）を対象期間に含めなければ，企業のコスト競争力を正しく把握出来ない。一方，韓国ウォンについては，アジア通貨危機によるウォン安（1996年12月の846ウォン／ドルから1997年12月の1695ウォン／ドルに，ウォンが50％減価した）を対象期間に含めなければ，ウォンの正しい

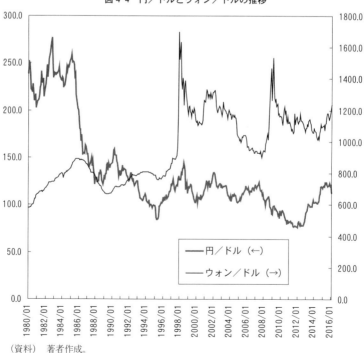

図4-4　円／ドルとウォン／ドルの推移

（資料）　著者作成。

動きが掴みにくい。そうして，図4-4のとおり，1980年代からを通してありのままに見ると，ウォンのトレンドは右上がり，すなわち，ウォンが切り下がってきたことが読み取れる。

その点を，より分かりやすくするために，円対ウォンのレートをグラフ化したものが図4-5である。1980年頃からの長期トレンドは，明白に，ウォン安（右上がり）傾向になっている。

2009年から2013年にかけて若干ウォンが切り上がり，日本製品のコスト競争力が多少は改善されたが，それでも，① 長期トレンドとしてのウォン安を是正するまでには至っていないこと，② 2014年秋頃からは再びウォン安になっていることなどから，家電，液晶，ITなどの多方面で日本企業は苦しい競争条件に直面してきた。

因みに，いわゆる「失われた20年」の辺りでみると，バブル崩壊後の1991年4月のウォン／円・レートは5.3ウォン／円であり，いわゆ

図4-5　ウォン／円の推移

（資料）　著者作成。

る「アベノミクス」開始時の 2013 年 4 月のレートは 11.3 ウォン／円であるから，韓国製品は，技術革新等によるコストダウンとは別に，単に為替レート変動による効果だけで，日本製品より約 50％も安くなった勘定になるのである（最近の 2016 年 3 月は 10.5 ウォン／円）。

(3) 人民元

人民元の対ドルレートは図 4-6 のとおりである。1994 年 1 月に，それまでの為替レートを大きく切り下げた新人民元が導入されてから 10 年余はほとんどドルペッグで固定されていたが，2005 年 7 月から米ドルへのペッグ制をやめて通貨バスケット制に変更し，2005 年 7 月から緩やかに切り上げてきた（実績を計算すると，年平均 3.5％アップ）。

図 4-6　ドル／円とドル／元の推移

（資料）　著者作成。

そして，2014年に横這いとなった後，2015年6月から景気不振を受けて若干切り下げ気味に推移した。

　総じてみれば，中国は，必ずしも，通貨安に固執しようとしておらず，むしろ，経済発展に見合った極めて緩やかな元高を図ってきたことが明らかである。ただし，世界最大の貿易黒字国（財の貿易収支）にしては，小幅な増価率を維持したのであった。その点で日本とは対照的であった。日本も同じように世界最大の貿易黒字になったことが問題になったが，日本の場合は，著しい円高を制御することなく，2011年度以降，貿易赤字国になるまでに至ったのである。

　因みに，図4-6において，日本円の方をみると，1985年2月から1995年4月まで，急激に円高になったことが観察できる。この10年間に，1ドル260.2円から1ドル83.7円まで，円は3.1倍（211％アップ）に増価したのであった。その点で，同じ貿易黒字が問題であっても，中国の方は緩やかであり，図の一番増価した期間を見ても，2005年8月の8.1元／ドルから2013年12月の6.1元／ドルまで，32％アップに留めていることが観察できる。

　このように，中国の人民元は，管理通貨の代表として興味深いものである。とりわけ2つの点で我々に問いを投げかけているように思われる。第1は，変動相場制よりも優れた固定相場制（バンド制，クローリング・ペッグ制，カレンシーボード制，米ドル・ペッグ制など）は本当に存在しないのかという，かなり古くからの経済学者の疑問である。

　第2は，今後とも，計算速度・通信速度が際限なく高速化し続け，金融工学やソフトウエアが限りなく進歩していったときに，果たして，通貨当局・金融証券当局は，投機筋に打ち勝っていけるのかという疑問である。

　ただし，中国は制御し過ぎということで問題にもなっている。実際，中国は資金移動などを監視している。たとえば，ジェトロの「為替管理

制度」によると，2016年1月現在，銀行間為替市場については，通貨の種類ごとに変動幅を決めている。すなわち，米ドルの変動幅は，当局が発表する取引仲値の上下2％以内。ユーロ・日本円・香港ドル・英ポンド・オーストラリアドル・カナダドル・ニュージーランドドル・シンガポールドルの変動幅は，当局が発表する取引仲値の上下3％以内。マレーシアリンギット・ロシアルーブルの変動幅は，当局が発表する取引仲値の上下5％以内。それ以外の通貨についても別途規定されている。さらに，資本取引は個別認可制（原則禁止制）で，厳格な管理が行われている。

　そのような管理通貨でありながら，IMFは，人民元をSDRの構成通貨として採用することを決定した。SDRの構成通貨は5年ごとに見直されるが，2015年11月に採用が決定され，2016年10月からの実施である。SDR構成通貨になるための要件としては，①その国の財・サービスの輸出規模が大きいこと，②通貨としての自由な利用可能性があること，の2つが重視されている。

　中国は，資金移動を監視しているだけでなく，国有銀行等を通じて為替介入を行っていることは公知であるので，②は必ずしも満たさないが，主に①の理由によって，このタイミングで選ばれたものと考えられている。また，IMFにとっては，中国の人民元コントロールが国際ルールに従って行われるよう促し誘導するために必要であったとされている。

　この結果，SDR構成通貨は，ドル，ユーロ，ポンド，日本円，人民元の5通貨となり，構成比は，ドル41.73％，ユーロ30.93％，人民元10.92％，日本円8.33％，ポンド8.09％となり，人民元は日本円を追い抜いて世界第3位の通貨になったのである。

　大国としてのしたたかさを持った中国の対応振りをみると，まずは国益を優先するという明確で断固とした姿勢が窺われる点で，わが国にも

参考になるように思われる。

(4) スイスフラン

スイスフランは，増価基調で推移してきた通貨の例と言える。スイスフラン／ドルを，月次で長期間見たものが図4-7であり，日次で細かく見たものが図4-8である。

1985年頃から，スイスフランには上昇トレンドがあった。さらに急上昇しそうな気配があったとき，2011年9月6日に突然，スイス国立銀行から「上限を1スイスフラン＝1.2ユーロに設定する」という声明

図4-7　月次でみたドル／スイスフランの推移

（資料）　著者作成。

図 4-8 日次でみたユーロ／スイスフランの推移

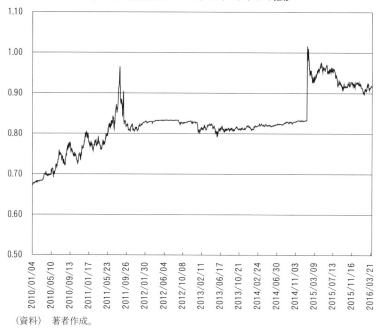

（資料）著者作成。

があり，その後は，その上限にほとんど張り付いた形で，2015 年 1 月 15 日までの 3 年 4 ヵ月間維持されたのであった。

　コントロールできた期間は，1～2 週間といった短期間でなく，3 年 4 ヵ月にもわたるものであったので，中央銀行が然るべき準備をして本気で介入すれば，世界の大規模投機筋にも負けない，ということが示された。そういう意味で，歴史的に意義のある出来事であったと言える（日本の経済規模の 1／6 ほどのスイスでさえ可能であった，という意味も持つ）。

　ただし，その後は 2015 年 1 月に突然介入を辞めた。スイス国立銀行が介入を辞めた直後は，大きく切り上がったが，その後市場は落ち着きを取り戻し，徐々に減価していった。

　介入を辞めた理由は，為替レートに囚われ過ぎない自由度を持った金融政策を維持するためと，既に十分なメッセージを市場に残したためで

ある，とされているが，不明な点も無くはない[11]。ただし，実際のスイスフラン・レートを見ると，かつてのような投機的な切り上げ行動はめっきり影を潜めている。それは，スイス国立銀行は今でも適宜介入しているのではないかという見方が市場に根強いからである。

(5) 日本円

　観察する期間にもよるが，長期間を総じて見れば，日本円は主要国通貨の中で，もっとも急激に，もっとも大幅に，切り上がった通貨である（図4-9参照）。しかし，海外諸機関から，「日本円はそれほど切り上がったとは言えない」というような評価が多々行われることがある。その原因としては，円／ドルが3倍にもなったのは，1995年4月頃までで，その後20年間は，そこまで大きな増価が無かったからかも知れない。いずれにしても，適切な対外説明（広報）をすることが必要であろう。

　図4-9で明らかなように，日本円は，対米貿易黒字の急増を背景として，1980年代の半ばに大きく切り上がったのである。その頃問題となった日米2国間の貿易収支をセンサス・ベースでみると，ピーク年の1987年で563億ドルであった。それに対して，中国の対米貿易収支は，2015年には3657億ドルに達している。この間の国内総生産の増加分を考慮したとしても，現在の対中赤字が，当時の対日赤字の6.5倍というのは，際立って大きい数字なのである。しかし，中国の当局は緩やかで着実な元の切り上げを図りつつも，決して急激な切り上げは容認しないのである。それに対して，日本については，上がりすぎた日本円を少し

11　投機筋は，スイス国立銀行 (SNB) に勝つことを目標として，日進月歩で新金融手法の開発を続けてきた面があるので，そのような相手に，SNBは3年4ヵ月もの間，勝ち続けたことは，相当の重荷であったと思われる。しかも，一度力を示した後は，コストパフォーマンス面でも，目標水準を示さない介入の方がやりやすかった，という側面も考えられよう。
　投機筋が極端な行動に出るような場合に，単にそれを阻止するだけではなく，大きく逆方向に動かしてしまえば，投機筋は破綻に追い込まれてしまうという恐れを，スイス国立銀行は投機筋に再認識させたので一応の成果を得たとも考えられよう。

図4-9 円ドル・レートの推移

(資料) 著者作成。

でも元に戻すことは、なかなか容易ではないのである。

　内閣府の「企業行動に関するアンケート調査」をみると、表4-5のとおりであり、現実の円ドルレートに合わせて、採算円レートが少しずつ円高方向に修正されてきている。その背景として、これまで国内供給されていた製品が、外国企業の生産品や日本企業による海外生産品に置き換えられていることが考えられる。

　そこに、「円高適応」という言葉の意味の難しさがあるものと考えられる。たとえば、1ドル50円の円高でも、十分な年数があれば、理屈の上では、円高適応していくことが可能なのである。たとえば、その方法とは、可能な限り国内生産を縮小して、日本国内に役員と本社機能しかないような会社（国内生産労働者はいない会社）に変えていけばよい

表 4-5 企業行動に関するアンケート調査（2015 年度）

調査年度	採算円レート（円／ドル）全製造業	海外生産比率（％）前年度実績 全製造業	海外生産を行う企業の割合（％）前年度実績 全製造業	前年度実績 うち加工型
1986	175.7	…	…	…
1987	141.1	2.6	32.5	39.5
1988	128.4	2.4	27.7	38.2
1989	133.2	3.2	34.2	47.2
1990	129.7	3.8	36.0	48.7
1991	126.2	4.6	40.3	53.9
1992	124.2	4.6	40.8	54.2
1993	118.1	5.4	43.3	55.5
1994	108.1	6.1	47.4	59.2
1995	104.2	6.6	48.3	60.2
1996	106.2	8.1	53.9	65.0
1997	110.0	9.1	55.9	66.0
1998	112.6	9.3	56.7	66.7
1999	106.7	10.2	58.3	67.9
2000	106.9	10.5	61.1	67.4
2001	115.0	11.1	60.4	67.3
2002	115.0	13.7	59.4	65.4
2003	106.3	13.2	62.1	69.1
2004	102.8	13.1	63.0	73.6
2005	104.4	14.0	59.6	69.8
2006	106.1	15.2	63.2	72.5
2007	104.7	17.3	65.9	73.2
2008	97.5	17.3	67.3	75.5
2009	93.2	17.4	67.1	74.9
2010	86.7	17.1	67.1	75.8
2011	82.3	17.9	67.6	76.6
2012	84.1	17.2	67.7	73.2
2013	92.1	20.6	69.8	76.4
2014	97.9	22.3	71.6	78.5
2015	102.3	21.6	67.5	77.2

（資料）内閣府。

のである。そして，すべての製品需要を海外生産品で賄うのである。

そのようにすると，その分だけ国内総生産や雇用は失われるなど，マクロ経済は深刻な不況に陥るかも知れないが，個別企業の方はこれまでの利益水準を維持できたり，場合によってはむしろ増益になったりするのである。日本経済が長年にわたり直面してきたマクロ経済の低迷は，正にそのような円高適応行動から生じたものであると考えられる。

円高化とは，「日本企業より外国企業の方が有利になる」ということではなくて，「企業の国籍とは関係なく，日本国内生産より海外生産が有利になる」ということを意味するのである。

(6) ドル

アメリカ・ドルは基軸通貨になっているので，ドルの為替レートを見る場合は，さまざまな通貨に対する為替レートの加重平均値で見ることになる。

FRBでは[12]，主要通貨（7ヵ国）に対する実効レート，および，その他重要通貨（19ヵ国）に対する実効レート，そして，両者を合わせた広範囲通貨（26ヵ国）に対する実効レートを公表している。因みに，7つの主要通貨（Major Currencies）とは，ユーロ，カナダ・ドル，日本円，イギリス・ポンド，スイス・フラン，オーストラリア・ドル，スウェーデン・クローナの7つである。また，その他重要国（OITP, Other Important Trading Partners）とは，中国，メキシコ，韓国，台湾，香港，マレーシア，シンガポール，ブラジル，タイ，インド，フィリピン，イスラエル，インドネシア，ロシア，サウジアラビア，チリ，アルゼンチン，コロンビア，ベネズエラである。

---

12 実効ドルレートの解説はFRBからときどき発表されるが，比較的最近のものとしては，Federal Reserve Bulletin, Winter 2005 に掲載された解説がある。タイトルは，Indexes of the Foreign Exchange Value of the Dollar である。

ドルの実効レートである主要通貨インデックス (Nominal Major Currencies Index) の推移を見ると図 4-10 のようになっている。その特徴を 3 点挙げると，

① 第 1 に，1985 年 3 月をピークとする山がある。このように上昇したことの契機となったのは，レーガノミックスによる景気刺激策とみられる。プラザ合意が行われる前に，そうした国際協調の動きが織り込まれて，1985 年前半から徐々にドル安になっていった。

② 第 2 に，2002 年 2 月をピークとする山が見られる。経済活動，物価上昇率，金利水準等との密接な関係は見つけ難いが，1999 年初に導入されたユーロの評価が低かったことが 1 つの要因とされている。

③ 最近の 2016 年前半の名目実効レートは，概ね過去 30 年間の平均値

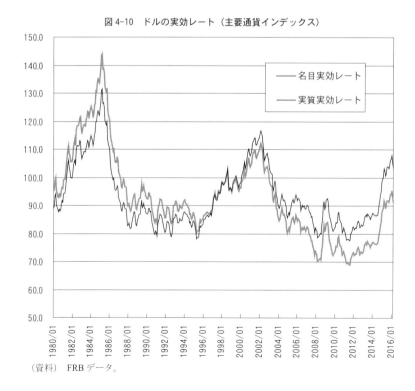

図 4-10　ドルの実効レート（主要通貨インデックス）

（資料）　FRB データ。

の近傍にある。

4.5 通貨当局の為替レート制御力

為替レートのコントロールに関しては，さまざまな議論があるが，とりわけ大きいテーマは次の2つである。第1は為替市場をコントロールすることが可能かどうかという事実判断に係る問題である。第2は，政府・中央銀行が介入することは妥当かどうかという価値判断に係る問題である。

そのうち，第1の点について予め述べておくと，それは可能である。ある程度の経済規模の国（たとえば，世界の上位20位以内の国）であれば，十分に研究と準備を行えば，為替レートを制御し安定化させることは可能である。それを実証して見せたのが既に見たとおり，スイス国立銀行（スイス連邦中央銀行）である。それまでは，「外国為替市場は桁外れに規模が大きいため，変動相場制の場合，通貨当局でも市場をコントロールすることはできない」と考えられてきた。

スイス国立銀行以外のやり方としては，中国方式もある。中国は，上述のとおり，長年にわたり，堂々と人民元をコントロールしてきた。すなわち，毎年緩やかにかつ着実に切り上げてきたのである。

スイス国立銀行の手法というのは，中央銀行でありながら，デリバティブまで活用して，投機筋に匹敵するような最先端金融手法を駆使するものであるとみられる。そうだとすれば，大国に勝てるほどの資金量を持っているほどの投機筋はそれほど存在しないのである。

しかし，近年まではそのような状況ではなかった。通貨当局は単発的に巨額の売買を実施する程度であったのに対して，投機筋は，地球上のあらゆる市場から，四六時中，数十倍の（ときには100倍を超える）レバ

レッジ[13]を効かせながら，売り買いを浴びせてきたので，一介の投機筋でも国に勝てるようなことが，当時は，決して少なくなかったのである。

(1) ポンド危機

これは，投機筋が中央銀行に勝った例として有名なものである。1990年前後からイギリス・ポンドへの信任が揺らいでいたが，1992年9月になると，ポンドへの売り浴びせは激しさを増していった。

9月15日には激しいポンド売りにより変動制限ライン（上下2.25％）を超えたため，イングランド銀行は，9月16日に，ポンド買い介入に加えて，公定歩合を10％から15％に引き上げた。しかし，それでもポンド下落は止まらなかったため，イギリスは同日，ERM（欧州為替相場メカニズム）から脱退して変動相場制に移行した。事実上の脱退日の9月16日はブラック・ウェンズデー（暗黒の水曜日）と呼ばれている（正式の脱退日は17日）。ジョージ・ソロスのヘッジファンド（名称はクォンタムファンド）は，この投機によって10〜20億ドルの利益をあげたとみられている。

(2) アジア通貨危機

アジア通貨危機（Asian Financial Crisis）とは，アメリカのヘッジファンドを中心とした機関投資家によって，1997年7月にタイで始められて，インドネシア，韓国，マレーシア，フィリピン，香港などに広げていった急激な通貨下落の投機行動のことである。投機筋の手法としては，まずは，タイから一斉に資金を引き上げるとともに，タイ・バーツの空売りを行って大暴落させ，その後続いて，他のアジア通貨に対しても同様

---

[13] 基本原理は差額決済のようなものであり，負ければ破綻するぐらいのリスクを取って，100倍を上回るレバレッジもあったとされている。そのような場合には，たとえば100億円の元手資金で1兆円相当の取引ができる，という計算になるし，共同で行ったり，市場全体がそのような流れになれば，かなりの経済規模の国にも勝てるという状況になることがある。

の方法を用いたものである。

　大きい背景としては，アジア諸国がそれまで外国からの資本導入を積極的に進めてきた際に，比較的短期の資金を導入したことも大きい要因となった。経済不安が拡大したときに，流動性の高い資本が急速に流出したからである。

　また，別の見方からすると，アジア通貨危機は，対外債務が多い開発途上国などにおいては，通貨安がプラスにはならず，むしろ危機を招くことがあるという例でもある。すなわち，年々の国内総生産にとっては，通貨安の方が有利であっても，巨額の対外債務を抱えている国の場合は，自国通貨が安くなると，ドル建で返済する金額が多くなって，払えなくなるわけである。

　特に大きい打撃を受けたタイ，インドネシア，韓国はIMF管理下に置かれることになったほどであり，それ以外のマレーシア，フィリピン，香港などもかなりの影響を受けた。

　以上で考察した事例において，大規模投機筋の方は，最先端のグローバルな金融手法を駆使したのに対して，各国の通貨当局（政府または中央銀行）は，旧態依然の稚拙な対応しかできなかったという側面も若干散見される。

　しかしながら，適切に学習すれば，通貨当局も投機筋と同じレベルの金融手法が使えるはずであるうえ，一定以上の経済規模の国であれば，介入の資金量は投機筋を上回るであろうから，通貨当局が一介の投機筋に負けるのは，どこかに問題があるのではないか，という見方もあるのである。そのことを実際に証明して見せたのがスイス国立銀行である。

(3) スイスフランの制御

　国際的信用力のあるスイスフランには，長年にわたって増価傾向が

あった．2010年頃から，さらに増価傾向が強まったことから，スイス国立銀行は2011年9月6日に突然に声明を発表して介入を開始した．あらかじめ周到に準備されてきたものである．同行が介入を開始した理由は，下記の声明に述べられているが，要点を抄訳すると次のとおりである．

①昨今のスイスフラン切り上がりは，スイス経済に深刻な脅威となっており，デフレ進行のリスクをもたらしている．
②スイス国立銀行は実質的かつ継続的にスイスフランの減価を図る．
③今から直ちに，1.2スイスフラン／ユーロ以下のスイスフラン・レートを許容しないために，外国通貨を限度なく購入する．

(原文) **Swiss National Bank sets minimum exchange rate at CHF 1.20 per euro**

The current massive overvaluation of the Swiss franc poses an acute threat to the Swiss economy and carries the risk of a deflationary development. The Swiss National Bank (SNB) is therefore aiming for a substantial and sustained weakening of the Swiss franc.

With immediate effect, it will no longer tolerate a EUR/CHF exchange rate below the minimum rate of CHF 1.20. The SNB will enforce this minimum rate with the utmost determination and is prepared to buy foreign currency in unlimited quantities.

Even at a rate of CHF 1.20 per euro, the Swiss franc is still high and should continue to weaken over time. If the economic outlook and deflationary risks so require, the SNB will take further measures.

スイス国立銀行（SNB）によると，外国為替市場に対する介入は，次のような仕組みで実行された．

①月曜日のシドニー市場開始から金曜日のニューヨーク市場終了まで，休日も含めて，常時モニタリングしている．

図 4-11 日次でみたスイスフラン／ユーロの推移

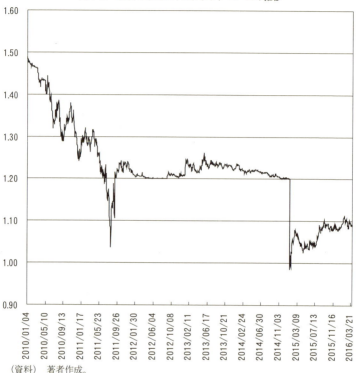

（資料）著者作成。

② 100 行以上の銀行と，700 以上の trading desk を取引相手として受け入れており，それによって全世界の外国為替市場のほぼ全てをカバーしてい。

③ 介入手段（instruments）としては，通貨の spot や forward，スワップ，各種のデリバティブなど，さまざまなものを活用している[14]。

その後，2015 年 1 月 15 日にスイス国立銀行は突然に介入を終了した。このような金融政策を維持することの負担が重かったことが一つの理由

---

14 "Guidelines of the Swiss National Bank on Monetary Policy Instruments" によれば，介入のために使うことのできる instruments は，Swiss National Bank Act（スイス国立銀行法）に規定されているが，実質的にほとんど全てのものに近い。

とみられている。現在は，明示的な目標値を示さずに適宜安定化を図っている模様である。

(4) 金融テクニック面

近年の投機筋の手法の特徴は，さまざまなニュースを流す広報活動と一体となっていることである。たとえば，「アメリカの雇用者の増加が予想より少なかった」という理由を流すと同時に円高に持って行く，というような情報操作による市場誘導はかなり一般的に使われている。

冷静に見れば，ほとんどのニュースに意味は無いのである。なぜなら，第1に，実際には投機筋の事前予想より良い数値が発表された場合には，「市場の予想と比べれば悪い数値であった」と言ってしまうだけなのである。第2に，たとえ，そのニュースが円高要因である場合でも，それが1円分の円高効果なのか，5円分の円高効果なのかは，誰にもわからないので，単に適当なニュースを使って，10円分でも20円分でも，投機筋の望むだけの円高に持って行こうとするわけである。

それにもかかわらず，報道においては，その日の円高が何故であったのか，意味のない「理由」付きで繰り返し流されることが多いのである。

過去にも，市場操作情報として有名な例がある。それは，東日本大震災の直後の急激な円高である。常識的に考えれば，日本経済が致命的なダメージを受けた直後なら円は下落するのが自然であるが，投機筋は「復興のために巨額の円資金需要が発生してくる」という情報を流してから，一気に円高方向の投機を浴びせてきた。おそらく日本中が大震災で混乱し，通貨当局のコントロール能力が低下しているので今が好機と読んだのであろう。

しかし，このようなニセモノと思われる情報はさまざまなメディアを通じて，繰り返し日本中に報道され続けた。その結果，2011年10月には，

歴史上の円レートの最高値である1ドル75円台を付けたのであった。

　後日ディーラー筋が調べたところ,若干の為替スポット市場における円買い需要はあったものの,それほど大規模な円買い需要は無かったことがわかっており,情報操作による市場誘導の力の大きさが改めて認識されたのであった。

　このような,投機筋の仕掛けに対して直ちに対抗できなければ,一度切り上がってしまうと,後で戻すことは容易ではない。たとえば,「通貨の切り下げ競争は許されるべきでない」などのニュースが（投機筋等から）流されるので,元に戻せないことが極めて多いのである。しかし,円高は10円／ドルにつき,年々の国内総生産を数兆円減少させるだけでなく,数十兆円規模の海外証券投資の評価減を発生させるほどの影響を与えるのであるから,より真剣な対応策が検討される必要がある。

　なお,日本銀行の報告書,日銀レビュー 2013-J-1「外国為替市場における取引の高速化・自動化：市場構造の変化と新たな論点」においても,問題の所在の一端が触れられているので,以下に抄記する。

　「HFT（High Frequency Trading, 高頻度取引）では小口の回転売買を繰り返す戦略がしばしば採用される。本例に即して言えば,1百万ドルのドル買い・円売り→同額のドル売り・円買い→1百万ドルのドル買い・円売り→同額のドル売り・円買い,という取引を高速で繰り返していく。そうすることで,予想通りにドル高／円安が進行する中では,わずかな利益を大量かつ着実に確定させることが可能となる。また,この場合,仮にドル円相場が予想に反してドル安／円高方向に動く場合でも,ポジションの傾きは,小額（1百万ドル）かつ短時間に止まることとなり,投資家は自らの直面する市場リスクも抑制できる。」

　このようなプログラム・トレーディングは,現在の投資家の間では,一般的になっていることである。1つの取引を数百個・数千個に分割し

て，毎秒数千個・数万個の注文を地球上の各地から出すような手法は広がっており，しかも，そのような金融技術は日進月歩であるから，それらを見据えた態勢が益々重要になってきているのである[15]。

4.6　公的介入に関する考え方

(1)　市場の監視

政府・中央銀行の介入の妥当性については，常識的には，「自然な市場の需給によって起こる小幅な変動は市場に任せて介入せず，大規模投機筋や流説などによる不自然で大幅な変動についてはスムージングのための介入を行う」というのが基本的な考え方である。しかしながら，何が不自然な投機行動であるかは判定が難しい。

そうした中で，外部の監視者としては，IMF とアメリカ財務省がよく知られている。IMF は加盟国に対し，通常年に1度，「サーベイランス（政策監視）」と呼ばれる調査により，経済状況の監視や政策助言を行っている。これは IMF 協定の第4条に規定されていることから「4条協議」と呼ばれている。

IMF 理事会は2007年6月，「為替相場政策のサーベイランスに関する1977年の決定」に代えて「加盟国の政策に対する国別サーベイランスに関する決定」を新たに採択した。これによって，加盟国の為替レート政策に対する監視が強化された。

IMF の「サーベイランスの役割」の部分を要略すると，「固定為替相場制を採用したブレトンウッズ体制の崩壊に伴い，1970年代後半に IMF 協定第4条が見直され，これにより現在の形でのサーベイランスが

15　映像資料ではあるものの，アカデミー賞（記録映像賞）の「インサイド・ジョブ」は，世界金融危機の実態を明らかにするものであるが，経済学の参考資料として論文に匹敵するものと思われる。

確立された。第4条において,加盟国は IMF および他の加盟国と協力し,安定性の促進に努めると規定されている。一方,IMF に対しては,(ⅰ) 国際通貨制度の実効的機能を確保すべく,国際通貨制度を監督し,(ⅱ) 加盟国の政策上の義務の遵守状況を監視することを責務と定めている。」

なお,言うまでもなくこれは,為替市場や金融システムだけでなく,世界経済を大きな枠組みで監視することを目的としている。続けて抄出すると,「IMF は,世界及び地域レベルで経済情勢をモニタリングするとともに,加盟国の諸政策の世界経済への波及効果を分析する。マルチラテラル・サーベイランスは主に,定期的に発表される世界経済見通し(WEO),国際金融安定性報告書 (GFSR),および 財政モニターを通して行われる。WEO は,世界経済とその成長見通しに関する詳細な分析を提示し,世界的な金融の混乱のマクロ経済への影響といった問題に取り組む。また,システミックな国や地域における経済政策・金融政策の国境を越える影響に特に焦点を当てながら,主な潜在的な世界的波及効果を評価する。GFSR は,世界の資本市場の情勢,そして金融の安定性にリスクをもたらす金融の不均衡や脆弱性を評価する。財政モニターは,最新の中期的な財政見通しを提示するとともに,公共財政の情勢を評価する。さらに,世界の主要地域を対象により詳細な分析を行う地域経済見通しも作成する。また,主要な先進ならびに新興市場国・地域からなる G20 をはじめ,他のグループとも緊密に連携している。2009 年以降,IMF は,相互評価プロセスを通し,国際的な経済協力の継続を目指す G20 の取り組みを支援している。IMF は,G20 参加国・地域が追求している政策と,持続的かつ均衡ある世界経済の成長との整合性について分析を行っている。」と述べられている。

一方,アメリカ財務省は, 年2回,「1988 年包括通商・競争力法」

に基づいて，主要貿易相手国の為替政策について分析し，議会に報告書を提出しており，不公正な為替政策を行って米国に多大な損失をもたらしている国があれば，「為替操作国」に指定されて，制裁の対象になり得るとされている。アメリカ財務省の監視には特段の国際的な権限は無いが，中国政府と比較して，日本の通貨当局はやや強くこれを意識してきたように思われる。

4.7　円の相応レート

　ここでは，国際競争力に見合った為替レートのことを「相応レート」と呼ぶことにする。均衡レートとか適正レートという呼び方もあるが，何が均衡するのかとか，適正とは何か，というような問題も多々あるので，取りあえず相応レートと呼ぶことにする。

　相応レートを求める代表的な手法としては，
　①経済的な類似国の通貨から求める
　②ユニット・コストから求める。
　③物価指数から求める。
などがある。

(1)　類似国の通貨の増価率・減価率から求める場合
(a)　ものづくりにおいて，ヨーロッパの代表的な競争相手国の一つと考えられるドイツについては，4.4節で示したとおり，最近のドイツの為替レート（現在はユーロ）は1ドル150円前後に相当する水準になっている。
(b)　近隣の競争相手国である韓国については，韓国ウォンの減価が著しく，参考になるような数値は求めにくいが，機械的に計算するならば，少なくとも1ドル200～300円に相当するような通貨

安の水準になっている。

(2) ユニット・コストから求める場合

ここでは，アメリカ労働省労働統計局の国際比較統計を用いて，日米のユニット・レーバーコストを均衡させる円ドル・レートを計算することとする。

表4-6は，各国通貨ベースで表示した，日米のユニット・レーバーコスト指数（2002年＝100）である。それを用いて，各年で両者を均衡させるような円ドル・レートを計算したものが表4-7である。併せて実績の為替レートも並記している。最近の数年における，日米のコスト競争力を均衡させるような円ドル・レートは150〜160円／ドルであることがわかった。

表4-6 日米のユニット・レーバーコスト

(2002年＝100)

	アメリカ	日本		アメリカ	日本
1970	51.22	49.63	1990	107.10	108.79
1971	50.92	54.16	1991	110.21	110.06
1972	51.57	56.86	1992	111.19	112.89
1973	52.75	63.64	1993	110.75	113.75
1974	60.14	81.51	1994	109.04	113.93
1975	65.10	92.45	1995	107.18	110.41
1976	66.89	93.82	1996	105.24	106.53
1977	70.19	99.44	1997	103.57	106.37
1978	75.20	101.81	1998	104.61	107.89
1979	81.33	100.17	1999	102.91	104.99
1980	91.77	104.84	2000	102.74	99.07
1981	95.59	108.88	2001	104.51	102.56
1982	103.51	110.49	2002	100.00	100.00
1983	99.62	113.11	2003	99.52	92.93
1984	100.17	114.16	2004	92.29	86.71
1985	101.69	108.11	2005	91.08	80.14
1986	104.75	112.27	2006	89.86	77.09
1987	101.11	110.85	2007	88.19	72.58
1988	100.74	108.43	2008	93.77	72.04
1989	103.36	109.00	2009	93.69	77.12
(資料) アメリカ労働省 Bureau of Labor Statistics。			2010	85.11	66.46
			2011	85.71	69.78

表 4-7　ユニット・レーバーコストから求められた相応レート

	相応レート	実績為替レート		相応レート	実績為替レート
1980	226.7	226.7	1996	200.9	108.8
1981	226.1	220.5	1997	203.8	121.0
1982	211.8	249.1	1998	204.7	130.9
1983	225.4	237.5	1999	202.5	113.9
1984	226.2	237.5	2000	191.4	107.8
1985	211.0	238.5	2001	194.8	121.5
1986	212.7	168.5	2002	198.5	125.3
1987	217.6	144.6	2003	185.3	115.9
1988	213.6	128.2	2004	186.5	108.2
1989	209.3	138.0	2005	174.6	110.2
1990	201.6	144.8	2006	170.3	116.3
1991	198.2	134.5	2007	163.3	117.8
1992	201.5	126.7	2008	152.5	103.4
1993	203.8	111.2	2009	163.4	93.5
1994	207.4	102.2	2010	155.0	87.8
1995	204.5	94.1	2011	161.6	79.8

（資料）　BLS データより著者作成。

4.8　PPP

(1)　PPP とは

　PPP（Purchasing Power Parity）とは，購買力で測ったときの外国為替の交換比率のことであり，日本語では「購買力平価」と呼んでいる。国際競争力を測る際には，各国通貨からドルに換算することが多いため，かなり広範に使われてきた。

　しかしながら，少し前までの日本経済については，PPP が実勢為替レートと相当乖離していたことによる歪みが極めて大きいし，現状を見る場合でも，PPP 換算が適切かどうかという問題が残されている。

(2)　PPP の問題点

(a)　実際の市場レートとの乖離

　実際の日本円を振り返ると，実績の円ドル・レートと PPP の間に相

当の乖離があったため，現実の市場においては厳しい円高によって圧迫された実績になっていながら，そうした実績をドル換算する段階においては，安い円レートになっているPPPを用いることから，相当に過小なドル換算値になってしまうのである。

(b) 品目の選択

一般に，ある国でほとんど消費されないような物の値段は相対的に高いことが知られている。たとえば，豆腐やチーズを事例にとると，チーズは日本では相対的に高く，豆腐は欧米では相対的に高い。つまり，調査品目にチーズが入っていれば，日本の物価は高く計算され，豆腐が入っていれば，欧米の物価は高く計算される（実際には，国際比較の際の採用品目群の選択権はヨーロッパ諸国に偏っていた）。

その結果，計測しているものが，同一品目の価格差なのか，それとも，

図4-12　円／ドルの実績為替レートとPPP

（出所）　著者作成。

国ごとの嗜好の違いなのかが，厳密には区別できないこともあり得る。しかしながら，PPPの目的からして，国によって異なる品目を選んで比較するというわけにはいかないのである。

(c) 購買力で測ることの限界

別の問題もある。たとえば，最貧国を思い浮かべるとしよう。その国では，日本の1/100の所得しか無いとする。ところが，そこで売られている物は，種類はごく僅かであるが，価格はほとんどが日本の1/100だったとする。この場合，PPPで換算すると，その国の消費支出は日本と同額ということになる。これは極端なケースを想定したが，事実は，理論と極論の間にあると考えると，PPPを用いた換算には問題があることがわかる。

以上のような問題が認識されて，たとえば，OECDなどでは，昨今，国際比較の際にPPPでドル換算することは若干減ってきているように見受けられる。その代替案として，移動平均された市場為替レート等が用いられることが少なくないようであるが，重要な点であるので一層の検討と研究が必要とされよう。

第5章
資産効果

5.1 はじめに

　世界経済を振り返ると，大型不況の多くは，資産価格の下落と密接に関連していることがわかる。たとえば，近年のアメリカで特に大きかった不況である1929年の世界大恐慌，1980年代の銀行倒産，2008年のリーマン・ショックなどは，いずれもそうである。

　1929年10月にアメリカで発生して全世界に広がっていった世界大恐慌は，最初は，ニューヨーク証券取引所の株価暴落から始まった。当時，株価の上がり過ぎを懸念する声は大きかったが，その後の大恐慌にまで発展することを予測した人はほとんどいなかったようである[16]。しかし，実際には，10月24日（Black Thursday）に大暴落が始まると，次の1週間で半額になるほどの勢いで株式市場が縮小していったのである。その負の資産効果はアメリカ経済全体を覆い，その後，ヨーロッパ，全世界へと広がっていったのである。

　元々の原因が不動産価格の下落にあったものとしては，第1は，1980年代の銀行倒産が挙げられる。不動産価格下落による不動産融資の焦げ付き，そこから数千社にも及ぶ金融機関倒産につながっていった。第2

---

[16] 当時のエコノミストの中に，株価の暴落を懸念する者も何人かいたようであり，その1人 Roger Babson は有名であったようだが，彼がそれを唱え始めてからでも，既に2年間が平常どおりに経過していた。

は，2008年のリーマン・ショック（サブプライム・ローン危機）がある。これは，アメリカにおいて，上がり過ぎていた不動産価格が暴落した際に，証券化されていた住宅ローン担保証券が不良資産化したものである。

一方，日本経済については，1991年頃から約20年間不況が続いたが（いわゆる「失われた20年」），その原因は資産価格の下落にある。数百兆円の規模で負の影響を及ぼした経済変数は，株価下落および地価下落以外には見当たらないのである。

5.2 日本の株式価額

株価下落によって失われた株式資産額を正確に把握するためには，銘柄ごとの株価変動を集計しなければならないが，ここでは，大凡の金額を把握するために，株式の期末価額をチェックするだけとする。期末株式資産を調べるための代表的統計としては，内閣府の「国民経済計算」と日本銀行の「資金循環表」があるが，ここでは前者を利用した。

表5-1は，近年20年間のわが国の株式期末残高の推移である。残高が最も大きいのは1989年の年末であり，875兆円となっている。1980年代の後半のこの時期のことを，バブル時代，バブル期，あるいは，バブル景気と読んでいる。

この5年間に保有株式の含み益だけでも約600兆円も膨らみ，さらに，5.3節で述べるとおり，土地価額も約1000兆円増加したのであるから，たとえ未実現利益であっても，さまざまな領域において景気の過熱が生じたのであった。

なお，こうした現象にはタイムラグが生じるようである。たとえば，1985年からの劇的な円高で輸出採算が割れている零細企業があっても，保有工場土地の含み益が巨額であったかも知れない。また，日本の株価

は 1989 年 12 月 29 日を歴史上のピークとして[17]下落していったにもかかわらず，1990 年当初の頃は保有者によってはまだ含み益があったのかも知れない。

そうしたズレもあって，景気基準日付によると，当時の景気の谷は 1986 年 11 月であり，景気の山は 1991 年 2 月となっており，バブル期とは，この期間であると定義されることが多いようである。

いずれにしても，株式の期末残高は，多少の増減を繰り返しつつも，2002 年末の 299.4 兆円まで減少したのである。1989 年のピークより 500 兆円以上減少したのであり，それによる負の資産効果は相当のものであったと推察される。

表 5-1　株式の期末残高

(単位：兆円)

年	残高	年	残高
1985	265.1	2000	420.7
1986	395.6	2001	332.5
1987	491.5	2002	299.4
1988	662.2	2003	408.9
1989	875.4	2004	467.0
1990	556.0	2005	729.7
1991	523.4	2006	730.2
1992	377.5	2007	584.2
1993	413.5	2008	347.8
1994	461.4	2009	375.3
1995	455.7	2010	403.8
1996	436.6	2011	345.3
1997	331.2	2012	421.7
1998	318.6	2013	666.1
1999	523.1	2014	693.4

（資料）　内閣府「国民経済計算」。

---

[17] 日経 225 の終値は，1989 年 12 月 28 日が 38876.94 円，1989 年 12 月 29 日が 38915.87 円，1990 年 1 月 4 日が 38712.88 であった。

図 5-1 日米の株価推移

（資料）著者作成。

　ここで，図 5-1 の日米の株価を観察しよう。日本においては，1989年頃の株価が，PER や PBR を含め，さまざまな株価関連指標から見ても明らかに高すぎるという見方が広がり，さらに，投機筋による空売りもあって，急激に下落していった。もちろん，完全なゼロサム・ゲームではないが，ときには，日本経済が 100 億円損をすれば，空売りをした投機筋はそのまま 100 億円の儲けを得たこともあったわけである。

　一方で，アメリカについても，2000 年前後の株価は，さまざまな株価関連指標から見て高すぎるという見方が有力になって，2002 年から 2003 年初めにかけて下落したが，日本のように下落し続けることはなく，リーマン・ショック時まで上昇していった。その結果として，両国で，資産価額による影響が大きく明暗を分けたのである。

　この点を図式化したものが図 5-2 である。図 5-2 において，もともと

のトレンド線は直線 l の方向であり，そこにバブルが発生して点Bに来たとする。

点Bで考えると，本来あるべき株価水準は点Cである。そこで，一気にバブルを崩壊させたり，ないしは，崩壊するのを容認したのが日本経済であった。それに対して，アメリカの場合は，年月さえ経てば，バブルを崩壊させなくても，本来あるべき水準の点Dに達することができる，という見方になっている。すなわち，バブルの発生過程では，ほとんど日本と同じ形状であったにもかかわらず，ピーク時以降は，点D方向に向かっていったのであった。

その後のマクロ経済を比較すると，日本経済は20年以上の不況に陥り，もう一方のアメリカ経済は世界的な好調を維持し続けたのである。もちろん，物事はそれほど単純ではないし，高水準の株価持続がベストとは言い切れないが，数百兆円相当の資産が消失するかどうかは，極めて重要な視点である。

なお，後年においても，2008年のリーマン・ショックに対応するために，FRBが，5年以上にわたってゼロ金利（または低金利）政策を継続するなど，市場に任せるというよりは，制御ないし誘導するような政策スタンスが際立っているように思われる。

図5-2 バブル崩壊後の日米の株価のイメージ

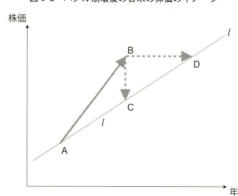

（資料）著者作成。

5.3 日本の土地価額

次に,土地価額についても概略を述べる。統計としては,株式価額と同様に,国民経済計算ストック編の「国民資産・負債残高」を参照する。

表 5-2 は,わが国の土地の期末残高の推移である。地価は,株価と同じように,1980 年代後半に上昇してバブル経済の原因となったが,株価とは違って,1990 年代に入ってからも 1 年間上昇してから,下落に転じた。それから,日本の土地価額は 1991 年から減少を続け,23 年経った 2014 年末においても減少を続けている[18]。

それによる土地価額の減少は累計で約 1300 兆円以上であり,相当の

表 5-2 土地の期末残高

(単位:兆円)

1985	1,060.0	2000	1,570.4
1986	1,336.5	2001	1,485.0
1987	1,752.5	2002	1,397.2
1988	1,941.1	2003	1,318.9
1989	2,266.8	2004	1,266.5
1990	2,477.4	2005	1,249.0
1991	2,294.6	2006	1,269.3
1992	2,077.0	2007	1,303.1
1993	1,983.4	2008	1,286.8
1994	1,956.3	2009	1,226.5
1995	1,870.0	2010	1,191.7
1996	1,834.0	2011	1,157.6
1997	1,793.8	2012	1,132.9
1998	1,723.7	2013	1,122.2
1999	1,650.4	2014	1,118.3

(資料) 内閣府「国民経済計算」。

---

[18] いくつかの地価統計によると,首都圏など,地域によっては底打ちしており,また,商業地など,用途によっては上昇しているので,全国合計の土地価額についても,遠からず増加に転じる可能性がある。

負の資産効果をもたらしたものと考えられる。いわゆる「失われた20年」は概ねそのような期間であった。

5.4 1980年代のアメリカの銀行破綻

20世紀以降に，アメリカで発生した金融経済危機の中では，次の4つがとりわけ大きいものであったことが知られている。

① 1929年10月にニューヨーク株価下落から始まった世界大恐慌
② 1980年代のアメリカの金融機関破綻
③ 1987年10月のブラックマンデー
④ 2008年のリーマン・ショック

そのうち，本書では，1980年代以降に発生した②と④に焦点を当ててみよう。これらは，いずれも不動産価格の下落が元々の原因となって，金融危機に至ったものである。政府・中央銀行による資産価格のコントロールが，国民経済にとって如何に重要であるかを物語るものと言える。

②に関しては，FDIC（Federal Deposit Insurance Corporation，連邦預金保険公社）の各種資料と，それらを整理した松本（1999）[19]などを参考にして，要点を整理すると次のとおりである。

アメリカでは，1984年から1992年の間に，2000を超える金融機関が倒産したのであるが，そこに至ったマクロ経済的背景を簡単に概観する。

さて，第1次石油危機は世界経済全体に重大な影響を与えたが，エネルギー多消費型のアメリカ経済の対応は遅れ気味であった。そこに，

---

19 FDIC（1997）をベースにしてFDIC，OTC，FRB等による各種分析を整理したものであるが，統計数値の一部に，後年に開示された統計も用いている。

1979年の第2次石油危機が発生した。省エネ対応の進んでいた日本経済への影響は比較的小さかったが，アメリカ経済はかなりの打撃を受けた。消費者物価上昇率は，1979年3月から81年10月まで2桁上昇となり，経済成長率は1980年と82年にマイナスになり，失業率は1982年9月から83年6月に10%を超えた。

そのような状況下，レーガン政権は大幅減税を主軸とした景気対策を行ったことから，1983年後半から景気は拡大したものの，巨額の財政赤字，高金利，およびドル高を発生させた。その結果，

①高金利が銀行等の調達・運用金利のミスマッチを引き起こし，

②ドル高が中南米諸国の米銀への返済能力を低下させ，

③過剰な不動産投資は1980年代後半の不動産市況低迷の原因となった。

このような経済情勢であったが，とりわけ，銀行等の破綻が著しく増加したことの直接の要因としては，金融自由化，不動産融資，発展途上国融資の3つが挙げられる。以下それらを概観する。

(1) 金融自由化

アメリカでは，1929年の世界大恐慌の反省から，1933年銀行法等により銀行に対する規制が強化された結果，1960年代までのアメリカは，先進国の中で最も金融自由化が遅れた国の一つであった（その影響下で戦後復興を果たした日本にも同様の法制度が持ち込まれた）。

しかし，1970年代前半には大口定期預金金利の自由化が実施され，預金金利全般についても，1980年の預金金融機関規制緩和・通貨統制法（DIDMCA）で自由化が始まり，1986年3月末には完了した。DIDMCAでは，高金利下で，預金金融機関の業際の垣根を縮小させるとともに，預金金利上限の一部撤廃を行った。同法により，金利上限の設定等に関する権限は，中央銀行から預金金融機関規制緩和委員

会（DIDC, Depository Institutions Deregulation Committee）に移管され，DIDC のガイドラインに沿って自由化が推進されていったのである。

金融自由化がマクロ経済に与えるプラスの効果については，指摘されることが少なくないが，金融機関の収益に対してはプラスとマイナスの両面の影響があることが知られている。1980 年代のアメリカでは，リスクヘッジ機能の強化等を狙って自由化が進められたのであるが，実際には，預金獲得競争で資金調達コストが大きく上昇したこと，地方の零細銀行等が十分なリスク管理を行わずに融資経験の乏しい分野にまで融資を拡大したこと等から，その後経済不況に遭遇した際に，多数の銀行等が経営不振に陥ることの原因になったのである。

貯蓄金融機関監督局（OTS）の監督下にある貯蓄金融機関の収益の推移をみると，非金利費用の増加が収益圧迫要因となって，業務損益段階では 1981 年から 1990 年にかけて，10 年間も赤字基調が続いたのである。

1980 年代前半における S & L（貯蓄貸付組合）の経営不振については，「S & L の貸出金利が長期固定であるにもかかわらず，調達金利が上昇したことによるミスマッチが主な原因」とされている。一方，1980 年代後半の業績悪化の原因は，金利変動よりも，むしろ，金融自由化に伴う非金利費用（人件費，および，店舗費以外の業務費用）の増大にあるとされている。

(2) 不動産融資

銀行等破綻の第二の要因は不動産融資の焦げ付きである。その背景として，1980 年代の不動産業に大きい影響を与えた 2 つの法律が挙げられる。1 つは 1981 年の経済再建租税法（ERTA, The Economic Recovery Tax Act of 1981）で，これにより大幅減税が導入された。

もう 1 つは 1986 年の税制改正（The Tax Reform Act of 1986）で，これによりほとんどの減税措置が廃止されたことである。ERTA では，所

得税の最高税率を70％から50％に，キャピタルゲイン税が28％から20％に引き下げられた。

さらに，加速償却制度（ACRS, Accelerated Cost Recovery System）が導入され，商業用不動産の場合，耐用年数が40年から15年に短縮されるなど，減税額は，最初の3年間で約2,800億ドルに達したと推計されている。

それらにより，オフィスビルは過剰となったところで，1986年税制改革法によって，ACRSの廃止を含め，商業用不動産関連で大幅な課税強化が行われた結果，供給過剰下の不動産事業は，さらに経営が圧迫され，それをファイナンスしていた銀行等の融資が焦げ付くことになったのである。

(3) 発展途上国融資

1973年の第1次石油危機により，非産油発展途上国（LDC）では原油価格を中心とする輸入品価格の上昇により，輸入額が大幅に増加したため，国際資本市場から多額の借入を行う必要が生じた。他方で，産油国に集まったドル建て外貨は，ユーロ市場を経由してアメリカの大手商業銀行に流入した。この2つの要因から，アメリカの大手商業銀行は非産油LDCへの貸出を増加していった。

1970年末の中南米諸国の対外債務残高は290億ドルだったが，1978年末には1590億ドルにまで急拡大した。問題は，これらのアメリカ商業銀行からのLDC向け中長期融資は，LIBORリンクの変動金利融資であったため，LDC債務残高の3分の2が変動金利物で占められることになった。そこに，1979年から80年代初頭にかけて，短期金利の上昇と途上国通貨の下落が同時に発生したため，LDC諸国の債務返済負担は極めて重いものとなった。そして，1982年8月にメキシコが債務不履行となり，それを契機として各国が追随し，1983年末までに27ヵ

国が返済条件変更の交渉に入った。

アメリカの銀行監督当局は，不良債権の認識基準を変えたり，金融機関に貸倒引当金を積み増しさせたりして対応させた。その後，財務長官のブレイディ・プランにより，32％の債務（約610億ドル）を返済免除とし，米銀融資を IMF や世界銀行に肩代わりさせて，1980年代いっぱいをかけて解決していったのであった。

表5-3　破綻した金融機関の推移

（単位：件，100万ドル）

	商業銀行			貯蓄金融機関			合計		
	件数	預金額	総資産	件数	預金額	総資産	件数	預金額	総資産
1980	11	5,220	8,193	11	956	1,349	22	6,176	9,542
1981	10	4,014	4,947	30	10,364	13,639	40	14,378	18,586
1982	42	10,175	11,723	77	20,862	28,113	119	31,037	39,836
1983	48	5,844	7,192	51	8,687	10,109	99	14,531	17,301
1984	80	31,745	43,455	26	4,410	5,567	106	36,155	49,022
1985	120	8,470	8,977	60	20,600	23,460	180	29,070	32,437
1986	145	7,224	8,069	59	15,889	16,962	204	23,113	25,031
1987	203	8,875	9,407	59	14,001	15,045	262	22,876	24,452
1988	280	38,320	53,899	190	80,242	98,083	470	118,562	151,982
1989	207	24,159	28,935	327	113,925	135,245	534	138,084	164,180
1990	169	15,139	16,938	213	98,964	129,662	382	114,103	146,600
1991	127	53,048	64,635	144	65,173	78,899	271	118,221	143,534
1992	122	39,954	45,391	59	34,773	44,197	181	74,727	89,588
1993	41	3,509	3,829	9	4,881	6,148	50	8,390	9,977
1994	13	1,397	1,464	2	128	137	15	1,525	1,601
1995	6	776	802	2	419	435	8	1,195	1,237
1996	5	198	200	1	33	33	6	231	233
1997	1	28	28	0	0	0	1	28	28
1980-1997	1,630	258,096	318,084	1,320	494,306	607,082	2,950	752,402	925,166

（資料）　FDIC。

以上の要点を箇条書きでまとめると次のとおりである。

1．アメリカでは，銀行等の破綻が著増した1984年から1992年に，銀

行と貯蓄金融機関を合わせて2,590機関が破綻した。最大規模のものは，銀行ではコンチネンタル・イリノイ（1984年，総資産400億ドル），貯蓄金融機関ではアメリカン貯蓄貸付組合（1988年，同302億ドル）であった。
2．この時期における銀行等破綻急増の原因としては，金融自由化による利鞘縮小，不動産融資の拡大と不良債権化，自己資本不足などが挙げられている。
3．問題の顕在化から抜本的破綻処理策の成立までに長年月を要したが，1989年に成立した金融機関改革救済執行法（FIRREA）により，強大な権限と巨額の予算が連邦預金保険公社等に与えられ，その後は迅速な処理が行われ，銀行等の破綻問題は1993年頃には沈静化した。
4．銀行の破綻処理については，大半が銀行保険基金（BIF）の負担で処理されたため，国民負担は3600万ドル程度にとどまった。しかし，貯蓄金融機関の破綻については，連邦貯蓄貸付保険公社（FSLIC）自体が予算的に行き詰まったため，国民負担は1300億ドルに上った。
5．1993年頃から銀行等の不良債権は急速に減少していったが，その要因としては，不良債権消却や引当金積み増し等に加えて，景気拡大により貸出先の業績好転が大きく寄与した。

5.5　リーマン・ショック

　リーマン・ショックについては，多数の研究論文や報告書があるので，本書では，国際競争力に関係する事項に焦点を絞って述べることとする。

(1)　問題の発端
　リーマン・ショックの主因となったものは，アメリカの住宅価格バブ

ルの破裂とそれに伴う株価暴落であった。第二次大戦後のアメリカでは住宅価格が数十年にわたり上昇トレンドを続けてきた（図5-3参照）。その間，ときどき価格が横這いになって安定的に推移することはあっても，全体としては滅多に下落することはなかったのであった。

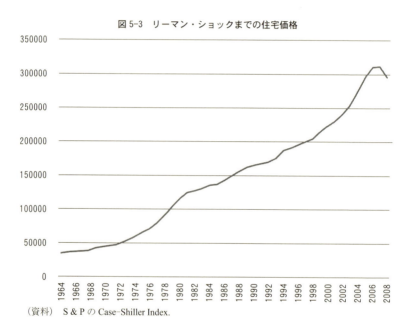

図5-3　リーマン・ショックまでの住宅価格

（資料）　S＆PのCase-Shiller Index.

近年においても，1997年頃から住宅価格の上昇が続いてきたが，上昇速度が落ちていくにつれ，信用度の低い個人向けの住宅ローンであるサブプライム・ローンの延滞が増え，やがて住宅価格が下落に転じると一気に信用不安が広がっていった（失われた住宅資産価値はピーク時で約3兆ドルであったものと試算される）。2007年夏頃から，サブプライム・ローンの延滞の増加とともに，それらのローンを証券化して組み込んだ金融商品の信用が失われていった。

その予兆が現れたのは2008年3月の投資銀行ベア・スターンズの行

き詰まりで，倒産こそしなかったものの，その僅か2ヵ月前の同行の企業価値の100分の1の価額でJPモルガン・チェースに買収される形で事態が収拾されたのである。7月にはアメリカ政府の住宅金融公社である，通称ファニーメイとフレディマックが実質的に破綻，そして，2008年9月の投資銀行リーマン・ブラザーズ破綻によってアメリカ全体に金融不安が広がり，株価暴落を引き起こしながら，全世界の金融機関に信用収縮の連鎖が広がっていったのである。

このような緊急事態を受け，アメリカ政府は，矢継ぎ早に対応策を打ち出していった。2008年10月には最大で7000億ドルの緊急経済安定化法，2009年2月には総額で7870億ドルの景気対策修正法を成立させたのであった。救済対象となった企業も，バンク・オブ・アメリカ，シティ，アメリカン・エクスプレス，ビッグスリーなど，銀行，証券，ノンバンク，保険から自動車産業まで広範に及び，金額規模も史上例のないものであった。たとえば，金融大手のシティでみると，450億ドルの資本注入，保有不良資産3060億ドルの政府保証などを合わせると日本円で3兆円を上回るなど，個別機関向けとしては史上最大の公的資金投入となった。

その結果，株価については，他の指標よりもかなり早く，景気対策法の成立後すぐに反転した。すなわち，ダウ株価（30種平均）は2009年3月9日に底値の6547ドルをつけた後は，上昇を続けた。

住宅価格についても，2009年第2四半期には12四半期ぶりに上昇し，その後は総じて上昇基調で推移していったのである。元々は，リーマン・ショックが，アメリカの住宅価格の低迷および下落から始まったことからすると，不動産価格の反転上昇は問題解決の近道ではあるが，その一方で，バブル気味に上昇し過ぎた不動産価格を再上昇させるというのは，アメリカ的対処法であったと言える（図5-2，図5-4参照）。

リーマン・ショックから，我々は，若干の教訓を得ることができなく

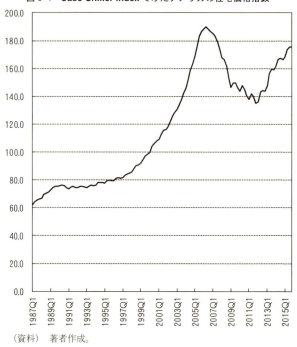

図 5-4　Case-Shiller Index でみたアメリカの住宅価格指数

（資料）著者作成。

はない。日本の場合，バブル崩壊後の 10 年間（1990 年代），アメリカの対応とは逆のことが繰り返し行われたような面が見られる。

日本では「もっと悪化していく」というような悲観的予想する人の方がマスコミ受けして，発信力が大きいという傾向が見られたように思われる。より悲観的な予想の方が「固め」で「慎重である」という評価につながり，その結果，予想が下方修正され，その結果実績自体も下方修正されていく，という負のスパイラルが続いていったのである。

もちろん，現実を無視した楽観論が排されるべきであることは当然であるが，リーマン・ショック時のアメリカをみると，ある程度楽観的な見通しが景気回復の一助になったように思われる。

なお，アメリカのリーマン・ショックとはあまり縁の無かった日本経

済がかなり深刻な痛手を被ったのは，ほぼ同時期に発生した円高による部分が大きい。

たとえば，それまで日本企業で最大の経常利益額を誇ってきたトヨタ自動車が，2009年度決算で，一気に赤字に転落したことが，リーマン・ショック時の不況の深刻さを際立たせたが，同社の決算を考察すると，赤字の原因は，世界不況だけではなく，円高化が極めて大きい原因だったのである。同社の2008年度（通期）の決算をみると，連結決算では4610億円の営業赤字であったが，円高がなければ約3000億円の営業黒字であった。同じように，単独決算では1879億円の営業赤字であったが，円高がなければ約5000億円の営業黒字だったのである。

内閣府の短期日本経済マクロ計量モデルの感度から計算すると，現状において1ドル10円程度の円安（または10円分の円高を阻止すること）は，約5兆円の所得税減税に匹敵する経済効果を持つのである[20]。そういう意味では，為替レート問題は，単に国際金融だけの問題にとどまらず，「財政負担による景気対策か」，それとも，「円の減価による景気対策か」という政策の選択肢にも関係する問題なのである。

---

20 それ以外に，「4.3 円高の効果」の(3)でも述べたとおり，1ドル10円の円安につき，対外証券投資の含みが40兆円増加する。

第 6 章

その他の要因

　この章では，海外生産，研究開発，ICT（情報技術），観光産業，人口，言語のそれぞれの観点から国際競争力について考察する。

6.1　海外生産

(1)　海外生産の経済効果

　わが国企業の海外生産をみると，1985 年以降は，総じて，急激な円高に対応するために海外移転したものが少なくないと考えられる。しかし，現在ほどの円高ではなくて，たとえ相応レートの 1 ドル 150 円ぐらいであったとしても，次の 2 つの理由から，「過度な円高によって生じた海外生産分」を特定することは，外部分析だけでは困難であると思われる。

　①日本より人件費の低いアジア諸国で生産するという要因も存在する。

　②販売市場の人件費が高くなければ，消費地生産が選ばれることもある。

　企業が，円高によって海外生産に転換した場合，その分だけ国内総生産や雇用は失われるので，その分を海外生産化のマイナスの経済効果と捉えることもできる。

　しかし，一方で，図 6-1 のように考えると，日本企業がそのまま国内

生産を続けたとしても，アメリカやドイツなどの外国企業が，日本の代わりに，資金や技術を供与して，そこで海外生産を始めると，少なくとも日本からの輸出分は代替されてしまう可能性がある。そのような場合には，日本企業が海外直接投資をしなくても，日本の国内生産は減少するわけである。

また別の考え方もある。たとえば，白物家電で代表されるように，日本企業の直接投資によって，中国で日本企業との競合品の生産が増加していき，日本の国内生産が廃止されたとする。そのとき，① 日本企業が失う国内生産の付加価値分と，② 中国の所得が増加することによって，他の日本製品に対する需要が増える分と，どちらが大きいか，という問題もある。

図6-1　日本企業の海外生産の与える影響

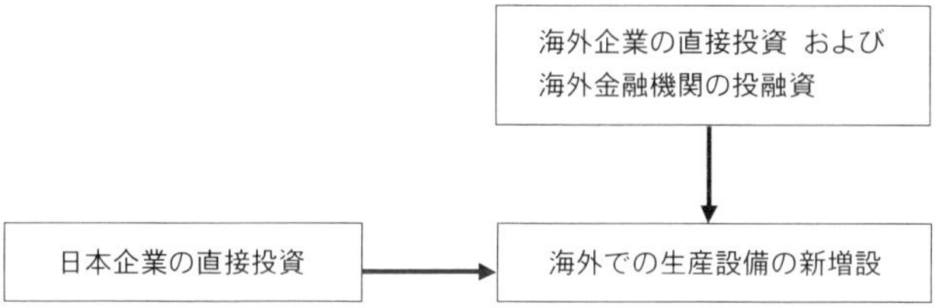

```
                          ┌──────────────────────┐
                          │ 海外企業の直接投資 および │
                          │ 海外金融機関の投融資    │
                          └──────────┬───────────┘
                                     ↓
┌──────────────────┐      ┌──────────────────────┐
│ 日本企業の直接投資 │────→│ 海外での生産設備の新増設 │
└──────────────────┘      └──────────────────────┘
```

（資料）　著者作成。

以上のように，実際に海外展開済みのわが国企業の経済効果については，推計が簡単ではないが，いずれにしても，アジアについて，現状を見ると表6-1のとおりである。アジア全体での現地法人の売上高は73兆円で，売上高が多い国は，中国，タイ，インドネシアとなっている。また，製造業の業種別には，輸送機械（自動車），情報通信機械，化学の順となっている。

表 6-1 海外の我が国企業の売上高

(単位:10億円)

	アジア	中国	タイ	インドネシア	シンガポール	韓国	インド	台湾	マレーシア	ベトナム	フィリピン
製造業	72,562.2	31,535.5	13,464.9	6,180.5	4,440.3	3,329.7	3,070.4	3,047.6	2,809.9	2,224.2	2,082.8
食料品	3,510.6	2,592.9	294.7	62.5	162.8	123.4	6.5	28.1	82.1	138.6	19.0
繊維	942.6	507.7	196.2	102.9	x	33.1	1.4	x	x	19.8	x
木材紙パ	566.3	156.4	172.5	x	−	30.1	−	18.6	23.2	x	x
化学	5,362.1	1,281.9	779.5	335.7	699.9	1,203.0	165.7	326.4	382.9	65.3	97.2
石油・石炭	1,952.2	86.4	17.6	x		17.6	x	x	x	x	−
窯業・土石	668.8	219.2	53.0	x	7.6	113.1	x	86.8	80.8	50.8	x
鉄鋼	2,094.8	1,138.9	492.8	137.0	16.4	85.4	x	65.3	48.9	71.1	22.1
非鉄金属	2,356.8	1,143.3	227.5	477.0	75.3	34.9	x	103.1	184.5	61.9	42.0
金属製品	1,144.3	606.3	200.9	62.2	96.4	77.9	x	40.6	17.3	24.6	12.3
はん用機械	1,983.2	1,164.0	405.5	56.7	63.5	84.0	55.3	103.4	26.8	x	10.5
生産用機械	2,094.3	689.7	341.6	99.2	588.2	111.6	x	162.2	13.3	25.9	9.1
業務用機械	2,391.2	1,496.3	431.2	22.5	20.5	14.8	5.8	106.8	52.0	208.1	30.8
電気機械	4,234.4	2,341.1	904.4	115.1	132.8	166.7	x	141.8	127.1	49.1	88.7
情報通信機械	10,595.1	5,649.8	630.6	463.9	499.2	709.5	17.8	794.6	749.7	216.2	818.3
輸送機械	29,735.1	11,033.3	7,813.6	3,762.9	92.4	434.6	2,537.4	932.3	887.4	1,110.7	872.8
その他	2,930.4	1,428.2	503.3	344.1	182.2	90.2	29.6	100.3	90.4	109.1	30.8

(資料) 経済産業省「第45回海外事業活動基本調査」。

6.2 研究開発と生産技術

　国際競争力のなかで最も重要な要素の一つは研究開発である。そこで，この節では，研究開発支出や技術について検討する。

(1) 研究開発動向

　近年の日本の研究開発支出をみると（表6-2），GDP比では，1980年代後半をやや上回る比率になっており，主要国と比べても，経済規模比では遜色のない比率になっている。ただし，研究費の絶対額では，2008年度から減少し，2007年度水準に戻ったのは2014年度になってからのことである。そうした中で，韓国の上昇が大きく，これらの主要国の中では最も高い比率になっている。

表 6-2 主要国の研究開発費の対 GDP 比

(単位：％)

	日本	アメリカ	ドイツ	フランス	イギリス	中国	韓国
1988	2.74	2.55	2.73	2.14	2.02	0.58	1.59
1989	2.84	2.51	2.71	2.18	2.03	0.65	1.62
1990	2.90	2.54	2.61	2.26	2.01	0.65	1.59
1991	2.91	2.61	2.40	2.27	1.93	0.71	1.71
1992	2.88	2.53	2.28	2.27	1.89	0.72	1.79
1993	2.84	2.41	2.21	2.31	1.91	0.67	1.96
1994	2.74	2.32	2.13	2.26	1.87	0.61	2.14
1995	2.86	2.40	2.13	2.23	1.79	0.55	2.19
1996	2.92	2.44	2.14	2.21	1.71	0.55	2.24
1997	3.02	2.46	2.18	2.14	1.67	0.62	2.29
1998	3.16	2.49	2.22	2.08	1.67	0.64	2.15
1999	3.16	2.54	2.34	2.10	1.76	0.75	2.06
2000	3.19	2.61	2.40	2.08	1.73	0.91	2.18
2001	3.29	2.63	2.39	2.13	1.72	0.96	2.34
2002	3.35	2.55	2.42	2.17	1.72	1.07	2.27
2003	3.35	2.55	2.46	2.11	1.67	1.13	2.35
2004	3.37	2.48	2.42	2.09	1.61	1.22	2.53
2005	3.53	2.50	2.43	2.04	1.63	1.31	2.63
2006	3.63	2.54	2.46	2.05	1.65	1.35	2.83
2007	3.69	2.62	2.45	2.02	1.69	1.39	3.00
2008	3.84	2.76	2.60	2.06	1.69	1.46	3.12
2009	3.64	2.81	2.73	2.21	1.75	1.66	3.29
2010	3.56	2.72	2.72	2.18	1.69	1.75	3.47
2011	3.67	2.76	2.80	2.19	1.69	1.84	3.74
2012	3.65	2.80	2.88	2.23	1.63	1.95	4.03
2013	3.76	-	2.94	2.23	1.63	2.02	4.15

(資料) 科学技術・学術政策研究所。

　研究開発支出金額を指数でみると（表6-3），これらの国々の中では，日本が一番低迷している。長期不況の割に，経済活動比ではよく健闘しているという側面もあるが，やはり，経済の不振が，研究開発活動全体を低迷させているという側面がある。

　アメリカやヨーロッパ各国には若干負けている程度であるが，韓国や中国には大きく引き離されており，今後の国際競争力に懸念が残るものとなっている。

表 6-3 研究開発費の金額指数（各国通貨ベース）

(1990年＝1)

	日本	アメリカ	ドイツ	フランス	イギリス	中国	韓国
1990	1.00	1.00	1.00	1.00	1.00	1.00	1.00
1995	1.10	1.21	1.19	1.14	1.19	2.78	2.94
2000	1.25	1.77	1.49	1.29	1.50	7.14	4.31
2005	1.36	2.15	1.64	1.51	1.87	19.53	7.52
2010	1.31	2.68	2.05	1.81	2.22	56.31	13.66
2011	1.33	2.82	2.22	1.88	2.33	69.26	15.54
2012	1.32	2.98	2.32	1.94	2.29	82.10	17.27
2013	1.39	−	2.42	1.97	2.45	94.45	18.47

（資料）　科学技術・学術政策研究所。

(2) 研究開発の効果

企業の研究開発行動は，その企業自身の生産性の上昇に寄与だけでなく，周辺企業の生産性にも影響すると考えられており，R&Dスピルオーバーと呼ばれている。

研究開発の経済効果を図る方法としては，まず，毎期のR&Dから，適切な割引率を用いてR&Dストックを求めて，次に，

　　実質生産額＝f（資本，労働，R&Dストック）

というような関数を推計して，R&Dストックの係数を吟味する，という手順が一般的に用いられているが，これは，Griliches（1980）などで用いられるようになったものである。

こうした研究は，各国で行われてきたが，わが国においては，深尾京司，宮川努等による一連の実証研究がよく知られている。概ね共通する結果は，近年のわが国においては，R&Dのスピルオーバー効果が相当低下しているということである。

そして，池内・金・権・深尾（2013）では，次のように述べられている。「1990年代以降の日本経済全体の全要素生産性（TFP）上昇減速のうち約半分は製造業におけるTFP上昇の減速で生じた。1990年代以降の製造業生産性上昇の低迷の主因は，大工場のTFP上昇は堅調だった

ものの，中小工場でTFP上昇が大きく減速したことと，生産性の高い工場が閉鎖される一方，非効率的な工場が生き残り，負の退出効果が継続したことにある。生産性の高い工場が多数閉鎖された原因としては，大企業による生産の海外移転が指摘できる。」

このように，円高による海外生産化は，研究開発効果に関しても，日本企業の国際競争力喪失の原因になっていることがわかった。

(3) 鉄鋼の技術流出

経済学においては，ある技術が周辺企業に拡散する場合に，主にそのプラス面を捉えて，スピルオーバー効果（spillover effects）と呼ぶことがある。ある種の外部経済効果である。

しかし，ここで述べるのは，技術流出や技術漏洩のことであり，日本経済の衰退の要因になったものとされることがある。ただし，情報の多くが報道情報であるうえ，公表統計が無く，学術研究には馴染まないこともある。

流出のタイプとしては，途上国支援等のために，正式に技術指導を行ったものから，秘密裏に持ち出された情報までさまざまなものがある。ここでは，鉄鋼について考察してみよう。

日韓基本条約に伴う対日請求権資金により，八幡製鐵，富士製鐵，日本鋼管の3社からの技術導入で，浦項市に国営の浦項総合製鉄所として浦項市に建設された。さらに，日本の援助で3回にわたる拡張工事が行われた（2000年に民営化され，2002年にポスコと改称された）。

しかし，その後も，相当数のトップレベルの日本の技術者を高給でヘッドハンティングすることなどで，技術流出は続き，2004年頃には，新日本製鐵の高品位製品と同じ技術水準に達したと見られている。

たとえば，新日鐵は，同社を退職した技術者が，新日鐵が数十年と数百億円をかけて開発した技術をポスコに流出させたとして訴訟を起こし

たことがあるが、それは一例に過ぎず、主要技術の多くはそれまでに流出済と見られている。そうした競争の結果、当時の日本のトップレベルの製鉄会社を3社足し合わせたような会社である、新日鐵住金（八幡製鐵、富士製鐵、住友金属を合わせたものに相当）と、ポスコ1社の粗鋼生産量は、現在、概ね同じなのである。

(4) 半導体

半導体産業は、とりわけ盛衰の激しい産業であったと言えるが、半導体産業の歴史については、多数の解説書があるので、ここでは、国際競争力にとって重要な点を中心に述べる。

日本の半導体は、1970年代後半に急成長し、1986年にはアメリカを抜き、1988年には世界シェアが50％を超えた（DRAMでは、1981年の世界シェアが70％であった）。表6-4は、その当時のトップ20社のメーカー別売上高を示したものである。

このような状況に危機感を募らせたアメリカは、対日制裁法案を提出したり、ダンピング提訴などを行ったため、日米半導体協議が行われ、1986年9月に協定が締結された。その内容の一つが、日本市場における外国系半導体の市場参入機会を拡大する、というものであった。

協定の本体には目標数値は無かったが、締結時のサイドレターに20％のシェアが書かれており、アメリカはそれを日本政府の公約とした。その結果、1986年から1996年まで外国製半導体の日本国内シェアは20％以上という厳しい目標となった。

その後は、日本の半導体産業は壊滅的な過程を辿るが、その原因と考えられるのは、
　①日米の半導体協定、
　②円高、とりわけ急激で大幅だった1985年以降の円高、
　③アメリカの半導体企業のアジアへの技術移転、

表6-4 半導体売上高（1987年）

（単位：100万ドル，％）

	社名	国名	金額	構成比
1	NEC Semiconductors	日本	3,368	11.5
2	Toshiba Semiconductor	日本	3,029	10.3
3	Hitachi Semiconductors	日本	2,618	8.9
4	Motorola	USA	2,434	8.3
5	Texas Instruments	USA	2,127	7.2
6	Fujitsu Semiconductors	日本	1,801	6.1
7	Philips Semiconductors	Netherlands	1,602	5.4
8	National Semiconductor	USA	1,506	5.1
9	Mitsubishi Semiconductors	日本	1,492	5.1
10	Intel Corporation	USA	1,491	5.1
11	Matsushita Semiconductors	日本	1,457	5.0
12	AMD	USA	986	3.4
13	Sanyo Semiconductors	日本	852	2.9
14	SGS-Thomson	France／Italy	851	2.9
15	AT&T	USA	802	2.7
16	Siemens Semiconductors	Germany	657	2.2
17	OKI Semiconductors	日本	651	2.2
18	Sharp Semiconductors	日本	590	2.0
19	Sony Semiconductors	日本	571	1.9
20	General Electric	USA	520	1.8
	合計		29,405	100.0

（資料）ガートナー。

である．

　もう一つ，半導体産業の歴史から学ぶべき点としては，政治的判断力と交渉力の重要性である．当時の日本の製造業は，各方面でアメリカから圧力を受けていたが，そのなかでも大きい批判は，官民が一体となって重要産業を支援するような仕組みや伝統に向けられた．

　それに関連した一連の対日批判に対して，日本はかなり従順に対応したのであるが，アメリカは，日本批判を行いつつ，一方では，1987年に，アメリカ半導体産業の国際競争力回復を目的とした，政府，半導体メーカ，および，製造装置メーカによる官民共同のセマテック（SEMATECH, Semiconductor Manufacturing Technology）を設立し，半導体産業の国際競争力の強化に重点的に取り組み始めたのである．

表 6-5　半導体売上高（2014 年）

（単位：100 万ドル，％）

	社名	国名	金額	構成比
1	Intel Corporation	USA	49,964	21.3
2	Samsung Electronics	South Korea	38,273	16.3
3	Qualcomm	USA	19,266	8.2
4	Micron Technology	USA	16,389	7.0
5	SK Hynix	South Korea	15,737	6.7
6	Texas Instruments	USA	11,420	4.9
7	Toshiba Semiconductor	日本	8,496	3.6
8	Broadcom	USA	8,387	3.6
9	STMicroelectronics	France／Italy	7,395	3.1
10	MediaTek	Taiwan	7,194	3.1
11	Renesas Electronics	日本	6,910	2.9
12	SanDisk	USA	6,116	2.6
13	Infineon Technologies	Germany	6,071	2.6
14	NXP	Netherlands	5,457	2.3
15	Avago	USA	5,423	2.3
16	AMD	USA	5,388	2.3
17	Freescale Semiconductor	USA	4,560	1.9
18	Sony	日本	4,528	1.9
19	NVIDIA	USA	4,007	1.7
20	Marvell Technology Group	USA	3,812	1.6
	合計		234,793	100.0

（資料）　IHS。

　そうした結果，最近においては，表 6-5 のとおり，わが国の半導体産業は，壊滅的に縮小してしまい，日本の全社を合計しても，韓国のサムスン 1 社にも及ばないという状態になっている。

　それ以外のさまざまな電子部品についても，日本が韓国や台湾に負けて来た理由としては，大体同じような理由が挙げられる。

・日本企業より積極的な投資が行われた（日本は長期不況であったため）。

・後発者利益の享受（後から参入するほど新しい技術を採用できる）。

・日本人技術者の取り込み（日本で定年やリストラに合った者が少なくない）。

　なお，技術者の流出に関しては，記事情報では，電子分野だけでも数

千人以上とみられているが，正確な事実を把握する仕組も無く，それを完全に阻止する方法も無いため，極めて重要な事柄ではあるが，今後の検討課題とされている。

(5) 研究費の動向

表6-6は，総務省科学技術研究調査の中の分野別研究費を見たもので

表6-6 20年間の研究費の分野別変動

	1994年度 (10億円)	構成比 (%)	2014年度 (10億円)	構成比 (%)	2014/1994 (%)
農林水産品	20.4	0.2	19.4	0.1	-4.6
鉱業製品	13.8	0.2	1.8	0.0	-87.0
建築・土木	237.7	2.8	119.9	0.9	-49.6
食料品	131.3	1.5	170.1	1.3	29.5
繊維	23.6	0.3	17.8	0.1	-24.6
パルプ・紙	36.3	0.4	14.4	0.1	-60.2
出版・印刷	15.9	0.2	8.6	0.1	-45.7
化学肥料・無機有機等	401.5	4.7	439.1	3.4	9.4
化学繊維	29.6	0.3	17.6	0.1	-40.7
油脂・塗料	92.9	1.1	42.6	0.3	-54.2
医薬品	761.4	8.8	1,520.9	11.6	99.8
その他の化学	341.7	4.0	360.4	2.8	5.5
石油・石炭	50.1	0.6	30.7	0.2	-38.6
ゴム製品	98.9	1.1	145.1	1.1	46.8
窯業・土石	101.5	1.2	108.1	0.8	6.5
鉄鋼	137.0	1.6	113.5	0.9	-17.1
非鉄金属	94.4	1.1	103.5	0.8	9.6
金属製品	95.1	1.1	74.8	0.6	-21.3
一般機械	733.1	8.5	972.0	7.4	32.6
家庭電気	407.9	4.7	265.4	2.0	-34.9
情報通信・電子	2,497.8	28.9	2,975.4	22.8	19.1
その他電機	468.7	5.4	671.0	5.1	43.2
自動車	1,158.9	13.4	3,695.9	28.3	218.9
船舶	18.8	0.2	―	0.0	―
航空機	29.5	0.3	69.5	0.5	135.7
鉄道車両	14.5	0.2	50.7	0.4	249.9
その他輸送機械	26.4	0.3	95.1	0.7	260.8
精密機械	228.6	2.6	613.1	4.7	168.2
その他工業製品	187.2	2.2	254.4	1.9	35.9
電気・ガス	134.4	1.6	55.8	0.4	-58.5
その他とも 合計	8,630.7	100.0	13,072.2	100.0	51.5

(資料) 総務省「科学技術研究調査」。

あり，過去20年間の変動を示している。

繊維，パルプ・紙，油脂・塗料，鉄鋼などの素材型で減少する一方で，自動車，航空機，鉄道車両，精密機械などの加工組立型では大幅な増加が見られる。

(6) 科学研究の成果

2008年から概ね2年毎に公表されている，科学技術・学術政策研究所の「科学研究のベンチマーキング」は，研究開発のアウトプットを論文数で測るものであり，研究開発の成果を測る指標の1つである。

論文数のカウントの仕方については、整数カウント法に見る知識生産への関与度、分数カウント法に見る知識生産への貢献度の2つがある。

2001－2003年と2011－2013年の比較により，過去10年間の変動をみると，日本の世界ランクは後退している。その理由は，日本の論文数がこの10年間横ばい傾向になっているのに対して，他国の論文数が拡大しているためである。とりわけ，中国と韓国の伸び率が著しい。

もちろん，研究開発そのものがより活発化する必要はあるが，それに加えて，論文の英文翻訳支援システムの改良や開発も必要と考えられる。

表6-7 主要国の論文数

	2001-2003 研究年	構成比 (%)	2011-2013 研究年	構成比 (%)	伸び率 (%)
アメリカ	239,474	31.0	327,664	26.1	36.8
中国	40,276	5.2	187,113	14.9	364.6
ドイツ	67,044	8.7	92,783	7.4	38.4
イギリス	64,746	8.4	89,033	7.1	37.5
日本	74,630	9.7	77,094	6.2	3.3
フランス	48,433	6.3	65,969	5.3	36.2
韓国	17,873	2.3	47,631	3.8	166.5
全世界	773,157	100.0	1,253,041	100.0	62.1

(資料) 科学技術・学術政策研究所。

6.3 ICT

アメリカでは，情報技術（IT, Information Technology）と呼ぶことが多いが，国際連合や OECD などの国際機関や，ヨーロッパの多くの国では，情報技術のことを，情報通信技術（ICT, Information and Communication Technology）と呼ぶことが多い．ここでは ICT という用語を用いる．

(1) ICT の変遷と経済への影響

ENIAC を世界初のコンピュータとするならば，それは第二次世界大戦末期にアメリカで誕生したのであるが，戦後は，IBM などにより民生用に利用が拡大された．後年，パソコンで使用されることになったソフトの原型は，大型コンピュータ用に開発されたものが多い．

大企業や大学などでは，メインフレームに接続された多数の端末から動かすことが出来たので，後年に，多数のパソコンが導入されていったときも，最初のうちは，それによって，まったく新たなコンピュータの使い道が生まれたわけではなかった．

それでも，パーソナル・ユースの利便性は高く，1990 年代後半には，パーソナル・コンピュータがオフィスに普及していった．それとほぼ同時期に，インターネットが，コスト面や技術面で普及過程に入り，急速に利用が拡大していった．

その頃，アメリカでは IT バブルが拡大していった．すなわち，一方では，商務省から The Emerging Digital Economy および The Emerging Digital Economy II などが発行されて IT ブームとなり，他方では，IT 関連の株価がバブル状態となっていった．すなわち，1999 年から 2000 年にかけて異常に上昇し，2000 年 3 月頃にピークを付けた後，2001 年に

かけてバブルがはじけていったのであった。

(2) ICT 統計

経済学の方面では，ICT 製品の価格については，ヘドニック法という品質調整済価格指数が使われるようになった。2000 年前後の頃は，ICT 機器は日進月歩で進歩していたことから，品質まで考慮した価格を計測すると，著しい低下がみられた。すなわち，実質金額では高い伸び率になったのであった。

表 6-8 のとおり，実質の増加率は極めて大きいもので，ハードウエア産業はその代表格であった。1990 年から 1996 年の間に，名目では 67.4％の増加であったが，実質では 340.3％もの増加であり，統計上は極めて高い経済成長率を演出したのであった。

表 6-8　IT 産業の名目生産額と実質生産額

（単位：100 万ドル，％）

名目額	1990	1991	1992	1993	1994	1995	1996	96/90 増加率
ハードウエア産業	102,677	103,635	109,416	117,766	133,012	154,517	171,852	67.4
ソフトウエア・サービス産業	59,661	64,027	73,435	79,475	90,834	104,466	132,032	121.3
通信機器産業	21,038	20,054	23,800	23,952	27,813	30,549	32,211	53.1
通信・放送サービス産業	146,700	154,200	161,200	175,600	184,600	193,300	207,400	41.4
IT 産業合計	300,076	341,916	367,851	396,793	436,258	482,832	543,495	81.1

実質額	1990	1991	1992	1993	1994	1995	1996	96/90 増加率
ハードウエア産業	85,523	92,141	109,416	131,301	166,620	245,714	376,565	340.3
ソフトウエア・サービス産業	64,919	68,114	73,435	79,714	87,677	99,492	121,241	86.8
通信機器産業	20,505	19,584	23,800	24,719	30,496	39,933	52,631	156.7
通信・放送サービス産業	149,148	156,584	161,200	171,769	176,774	180,339	191,926	28.7
IT 産業合計	308,556	327,012	367,851	397,249	441,957	519,219	638,452	106.9

（資料）　アメリカ商務省。

(3) ICT の競争力

総務省では，2008 年から「ICT 国際競争力指標」というものを策定

している。これは次の2つのシェアを算出したものである。
　①世界市場の売上高に占める日本シェアおよび地域別シェア
　②世界輸出に占める日本シェアおよび地域別シェア
　2008年版は主に2007年データを用い，2015年版は主に2014年データを用いている。ただし，途中でデータ変更があったため，比較可能な形で遡れるのは，2010年データ（2011年版）までとなっている。
　そこで，これらを用いて2011年版と2015年版を比較することとする。総務省の発表によると次のようなことが言える。

　指標の対象となっている全37品目中，日本の企業競争力が強い品目（シェア25%以上）は6品目，企業競争力が弱い品目（シェア5%以下）は13品目となっている。2011年版と比較すると，全37品目中，9品目でシェアが増加し，27品目でシェアが減少している。
　日本のシェアが25%以上のものは次のとおりである。
　　・「DVD/Blu-rayレコーダ」および「液晶テレビ」
　　・「コピー機」および「プリンタ」
　一方，「オプトエレクトロニクス」，「ディスクリート半導体」，「携帯

表6-9　日本企業の市場シェア

（単位：％）

	2011年版	2015年版
スマートフォン	8.7	4.7
ノートPC	17.4	13.1
サーバ	7.1	6.0
コピー機	73.9	74.6
プリンタ	31.1	40.9
液晶テレビ	30.6	20.1
DVD/Blu-rayレコーダ	80.3	96.3
メモリ	17.2	9.2
テレビ用液晶デバイス	12.9	9.0

（資料）　総務省「ICT国際競争力指標」。

電話用液晶デバイス」は，世界の市場規模が拡大傾向にあるにもかかわらず，日本の市場シェアは低下している。

その中でも，日本のシェアが5％以下のものは次のとおりである。
- 「プラズマデバイス」
- 「プラズマテレビ」

6.4 観光産業

近年，観光産業に対する関心が高まっており，日本の経済成長に対する寄与度にも関心が集まっている。そこで，国内総生産と国際収支への寄与について考察してみよう。

さまざまな経済活動の効果を計測するときの標準的な手法は次のとおりである。留意すべき点としては，最後に求められた金額をGDP比で表示するときは，分母には全産業の波及効果を使うことである。

まず，最終需要を内需と外需に分けて，それぞれD，Eとすると，最終需要の各列ベクトルによって誘発される活動別の国内生産額は，
$$X = [I-(I-\hat{M})A]^{-1}[(I-\hat{M})D+E]$$
によって計算できる．
ここに，

- I ： 単位行列
- M： 輸入ベクトル
- $\hat{M}$： 輸入係数行列
- A： 投入係数行列
- D ： 国内最終需要ベクトル
- E ： 輸出ベクトル
- X ： 生産額ベクトル

ただし，観光産業の場合は，通常は E=0 の場合だけを考察するので，
$$X = [I-(I-\hat{M})A]^{-1}[(I-\hat{M})D]$$
となる。

ところで，もっとも基本的な

$$X = (I-A)^{-1} F$$

という式でみた場合,

$$(I-A)^{-1} = I + A + A^2 + A^3 + A^4 + A^5 + \cdots$$

という関係からもわかるとおり，逆行列は，無限年間の波及効果を合計したものを含意するため，場合によっては，最初の数年間だけをとって,

$$X \cong (I + A + A^2 + A^3) F$$

とすることも考えられる。

たとえば，3年間だけの波及効果は，元の式に戻ると,

$$X \cong \left[I + \{(I-\hat{M})A\} + \{(I-\hat{M})A\}^2 + \{(I-\hat{M})A\}^3 \right] \left[(I-\hat{M})D \right]$$

となる。

ただし，このような計測においては，フローとしての生産に係る効果を求めること以外に，そのようなサービスを生産するために必要な設備投資による波及効果まで算入することがある。その場合には，固定資本マトリックス (capital flow matrix) を用いて，設備投資ベクトルから，設備投資財・設備投資サービスの行列を求めることが必要となる。

このようにして求められた観光産業の規模の推計例は，日本に関しては観光白書に，アメリカに関してはSurvey of Current Businessに掲載されているので，ここで参照してみよう。

(a) 日本

日本の観光産業の規模を観光白書で見ると，2013年における旅行消費額が日本経済に占める割合は2.4%となっている。また，それによる雇用効果は3.3%と推計されている。

(b) アメリカ

アメリカの観光産業の規模をSurvey of Current Business (2015年6月号) で見ると，2013年における旅行消費額がアメリカ経済に占める割合は

2.71%となっている。

表6-10 アメリカの観光産業がGDPに占める割合

(単位：％)

年	2007	2008	2009	2010	2011	2012	2013
観光がGDPに占める割合	2.78	2.66	2.54	2.52	2.60	2.61	2.71

(資料) アメリカ商務省。

一方，訪日外国人観光客による国際収支への影響についても考えてみよう。訪日外客に関する日本の受取額としては，輸送費（航空，海運），滞在費（宿泊費，飲食費，観光費），土産物代などが主なものである。これをまとめたものが，表6-11である。ただし，その他の受取が1兆円ほどあり得る。

この表から，2014年に，訪日外国人観光客から得た収入は3～4兆円である。それに対して，日本が商品の輸出によって得た収入は74兆

表6-11 観光に関する国際収支

(単位：10億円)

	2000	2010	2014
貿易収支の全体			
商品貿易　輸出	48,963.5	64,391.4	74,101.6
商品貿易　輸入	36,265.2	54,875.5	84,503.3
サービス貿易　受取	7,482.2	11,798.7	17,276.9
サービス貿易　支払	12,750.5	14,457.7	20,356.9
観光収支			
観光　受取	643.3	1,346.2	2,206.7
観光　支払	4,595.8	3,439.0	3,023.7
観光収支の内訳			
旅客輸送　受取	279.6	187.6	209.3
旅客輸送　支払	1,159.2	992.9	981.9
旅行　受取	363.7	1,158.6	1,997.4
旅行　支払	3,436.6	2,446.1	2,041.8
その他　収支	‥‥	‥‥	‥‥

(資料) 財務省「国際収支統計」から著者作成。

円であるから，金額規模を見ると，商品の輸出の重要性は否定できないのである。

なお，帰国時に大量の土産物を買うことが報道等でとり上げられるが，これは若干過大に見積もられている面がある。第1は，本来ならば日本から輸出されたであろう物を持ち帰るわけであるから，日本の輸出額がその何割かは減少すること。第2は，帰国時に中国の税関で課税する仕組みが既に開始されたので，その強化とともに，爆買いは抑制されるであろうことである。

6.5 自動翻訳

言語が経済に与える効果を数量的に把握することは困難であるが，言語は，国際競争力にかなり大きい影響を与えているものと考えられる。そこで，いくぶん経済書の範囲を超えるテーマであるが，若干の考察を行うこととしたい。

近年，日本語が国際語でないことによるデメリットが目立つようになってきた。その例を一つ挙げてみよう。いくつかの機関から，世界の大学ランキングが発表されているが，評価項目のなかには，研究成果の対外発信量や外国人留学生数もある。その結果，アメリカ，イギリス，および，イギリスの旧植民地諸国が多数上位に並んでいる。それに対して日本の諸大学は低位である。

その大きい理由は語学の制約であると考えられる。標準語が英語の国の場合，研究者がメモ書き程度のことを書けば，そのまま国際発信できなくはないのであるが，日本人が英語で発信するには，英語で書くというだけのために膨大な時間を要するのである。

英語圏以外のヨーロッパ人であれば，いくら母国語が英語でない場合でも，大方は，数千年前の同一言語から派生したものであるから，イン

ド・ヨーロッパ語族からかけ離れている日本人よりはましかも知れない。

しかし，そのようなヨーロッパ人でさえ，いくら学んでも足りないのが言語というものの性質である。もちろん，記録として残らない日常会話や意見交換程度であれば，ネイティブ並みの英語を話せる非英語圏のヨーロッパ人は多いが，書く文章となると，ほとんど皆無に近いと言われている。たとえば，OECD，IMF，国際連合，世界銀行などの国際機関では，正式の文書を書くときの最初の drafting は，英語が母国語の人間（アメリカ，イギリス，オーストラリア，カナダなど）にしかできないことが多い。

翻訳技術の現状は以上のようなものであるが，なぜ，この分野の技術進歩が遅いかと言うと，それは，おそらく，世界の社会科学研究をリードするアメリカ人から見た必要性が低いからであろう。

英語が世界の共通語であるために，アメリカ人は言語制約という問題意識に乏しく，高度な英語翻訳システムなどは，研究テーマになりにくいと思われる。

もちろん，一方では，日常会話程度のコミュニケーションが図れる程度の英語教育を推し進める必要はあるが，一般のバイリンガルと言われる日本人でさえ話せる英語レベルは概ね小学生レベルのようである。そのようなことは，小学生の日本人の子供が話せる日本語のレベルからも容易に推測できる。

それに対して，ここで問題にしている英語力とは，それとはまったく別物で，母国語でない限り，通常の語学教育では，生涯取得できないレベルの英語のことである。最終目標としては公式文書の draft が書けるレベルのことである。

グローバル化が進展する今日，高度な英語に翻訳できることが，ますます必要になってきている理由として，次の3点を挙げることができる。

① mortal なヒトの記憶に頼り続けるだけでは，積み上げができないし，能力の継承もできない．
② 非日常の高度な英語については，教育だけでは習得不可能な部分がある．
③ たとえ，それができる人間がいたとしても，膨大な時間が失われてしまう．今後何十年経とうとも，新しく生まれてくる日本人人口に対する英語の生涯学習時間だけ，時間が費消される．英米人は，それに相当する時間を，他の目的に投入できるのである．

ところで，技術面で，翻訳システム開発の可能性を示した，一つのヒントは，人類史上初めて世界チャンピオンに勝ったチェス・ソフトの「ディープ・ブルー」である[21]．それまでは，さまざまな理論を前提にして手筋を読むようなプログラムであったのが，このソフトからは，あらゆる手筋を全て読む，という方式に切り替わったのである．

これを英語翻訳に置き換えると，This is a pen. という文章の a pen の所に入る単語は，平常は数万語程度であり，極めて特殊な場合まで考慮しても，高々1000万語ぐらいまでであろう．その1000万個の文章を全て別々に記憶させるという考え方がディープ・ブルーなのかも知れない．もちろん，シェイクスピアが生涯に書いた全ての文章をインプットすることもできるのである．こうした手法と分類学があれば，たとえ，数千兆の数千兆倍の文章ができたとしても，スーパーコンピュータなら一瞬で処理できるのである．あとは，無線で結ばれたユーザーとの交信技術の問題である．然るべき予算とマンパワーを投入すれば20〜30年ぐらいで試作機が出来るのではないだろうか．

---

[21] 囲碁でも同様の動きがあり，2016年に，非公認の囲碁チャンピオンがコンピュータにチャレンジして負けたことが大きく報道されたが，囲碁には，チェスのような意味での誰もが認める世界チャンピオンを決める仕組みが無いことや，日本や中国に，より強い棋士がいるという見方もあるため，未だに人間とコンピュータの勝負に決着がついたとは言えないようである．

終章

　数年前まで，約20年間にわたって日本経済は低迷を続けてきたが，その主な要因は円高と資産価格の下落であることが示された。そこで，本章では，どのように対応していくべきかについて考察する。7.1節では，考え方の整理を行い，次に7.2節では，対応策について考える。

7.1　考え方

　社会科学においては，時間的普遍性や空間的普遍性が問題になってきている。以前から分かっていたことではあるが，現代になって再提起されるようになってきた。時間的普遍性というのは，たとえば20世紀に定説とされていたことが21世紀にも成り立つかどうか，というようなことである。社会科学に限らず，さまざまな思想に至るまで，そのことは重要である。

　一方，空間的普遍性は「歴史性」にも関係するもので，ある国・地域で成り立つことが他の国・地域でも成り立つかどうか，という問題であり，経済学では特に問題になる。経済学自体はかなりの程度アメリカによって牽引されているが，為替レートというテーマ一つをとっても，基軸通貨国のアメリカと日本とでは異なった影響を受けるのであるから，どうしても，日本独自のモノの見方が必要になってきているのである。

(1) 市場の効率性

我々は、ミクロ経済学の基礎的な考え方により、アトミスティックな経済主体が、競争的に市場に参加しているような状態において経済厚生は最大化されるということ、そして、公的介入はそのような競争的均衡を歪める恐れがあるということを学ぶ。

その結果、実際には、数百億円とか数千億円の資金力で、市場を自由に動かしている大規模投機筋がいても、そちらは許容しながら、公的介入の方だけは許容できないと考える人々が出てくる。

たとえば、投機筋によって、5～10円／ドルぐらい円高化されることは許容しながら、当局がそれを元の円安水準に戻そうとすると、「通貨当局による通貨安行動は許されない」というような声明が待ち受けていて、そのままの円高水準で落ち着いてしまう、というパターンが少なからずある[22]。したがって、円高になってから対応するのではなく、スイス国立銀行のように、一瞬たりとも一定水準を超えさせない、というような対応も検討されるべきであろう。

これは、基本的には1970年代から続いてきた議論ではあるが、金融技術の革新により、変動相場制の問題点が目立つようになってきたので、今後とも、実践的な実証研究を続けていく必要がある。具体的には、「変動相場制でありながら、大規模投機筋の動きをコントロールできるようなシステムを用意する」のか、または、「中国のように必要な範囲内において取引を制限するというルールを設定する」のか、市場関係者を含めた抜本的な検討が必要な時期に来ているように思われる。

(2) 金融技術

市場関係の情報については、必ずしも学術論文だけではカバーされな

---

22 アナリストの中には、「投機筋は、あらかじめ、有力議員や政府関係者などに依頼して、然るべき声明を用意しているのではないか」という見方もある。

い部分があるので,記事情報,報道情報なども参考にする[23]ことが不可欠である。1つの資料である古賀・竹内（2013）に,比較的最近の外国為替市場の取引の特徴に関する記述があるので,一部を抄出すると次のとおりである。

「HFT（High-frequency trading,高頻度取引）による取引は,主に専門の投資会社やヘッジファンド等で行われている。彼らは,外為取引の全てのプロセスにおいて,1/1000秒単位以下のタイミングで遅延（latency）を抑制することで,微小な収益機会を追求する。

例えば,米国雇用統計を材料にドルと円の売買を行う場合を想定しよう。人間の為替トレーダーは,発表計数のニュース記事を自分の眼で確かめ,自分の頭でドル買い・円売りを判断し,許容される自己の保有する持ち高（ポジション）の範囲内のドル買い・円売り取引を行う。

一方,HFTでは,コンピュータが取引を判断し執行していく。その際に,小口の回転売買を繰り返す戦略がしばしば採用される。たとえば,1百万ドルのドル買い・円売り→同額のドル売り・円買い→1百万ドルのドル買い・円売り→同額のドル売り・円買い,という取引を高速で繰り返していく。予想通りにドル高・円安が進行する中では,わずかな利益を大量かつ着実に確定させることが可能となる。仮にドル円相場が予想に反してドル安・円高方向に動く場合でも,ポジションの傾きは,小額（1百万ドル）かつ短時間に止まることとなり,投資家は自らの直面する市場リスクも抑制できる。HFTが,外為取引に占める割合は,スポット取引中の24～30％を占めるまでに至っている。」

こうした技術は日進月歩であり,1万分の1秒単位で,数万個の小口に分割して,全世界の市場で売買を繰り返せば,たった1社の投機なの

23　その中で,ディーラー筋でも参考にされている映像情報には次の2つが含まれる。
（1）ドキュメンタリー部門のアカデミー賞を受賞した Inside Job（インサイド・ジョブ,2010年制作）
（2）Money & Speed: Inside the Black Box（2011年,VPRO Tegenlicht 制作）

か，何千社が追随しているのか，区別がつきにくいのである。

(3) 為替レート

為替レートについては第4章の要点を整理する。円高は，海外市場における国内製品価格を上昇させた（コスト競争力を低下させた）だけでなく，国内市場における輸入製品価格を下落させた（輸入品のコスト競争力を上昇させた）。それにより国内生産の衰退を招いてきた。

輸入品価格の低下は消費者余剰を増大させるが，消費者は同時に生産労働者でもあり，国内生産の衰退が雇用者数の減少や賃金の低下などの雇用者所得減少を招くのであれば，両者を比較する必要がある。

まず，国内市場を考えると，円高によってコストが低下する部分は，輸入中間投入の部分である。それに対して，最終製品が輸入される場合は，輸入される製品の「生産価格」全体が安くなるのであるから，国内製品は極めて不利になるのである。

図7-1 国内総生産の内訳

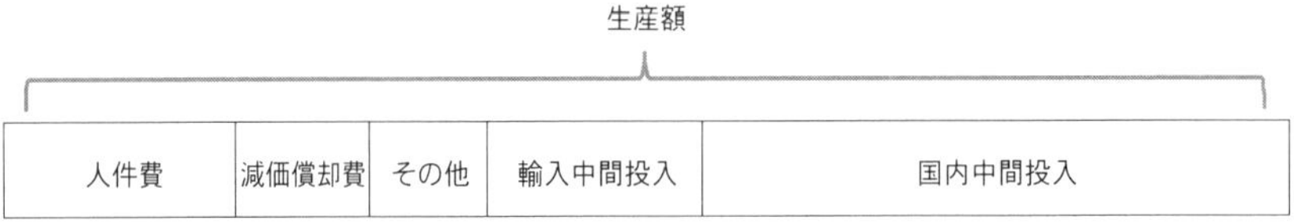

人件費	減価償却費	その他	輸入中間投入	国内中間投入

（資料）著者作成。

次に，海外市場を考える。円高により，日本国内から海外に移転すると，「利益」の部分は増加する場合もあるが，GDP全体が失われるので，経済全体が縮小するのである（よほど企業利益が大幅に増加する場合は

図7-2 海外生産によって減少する国内総生産

人件費	減価償却費	金利	賃借料	租税公課	利益

失われるGDP

（資料）著者作成。

別である)。

そこにおいて，政府・中央銀行が留意すべきことは，国内付加価値，すなわち国内総生産の増大を図ることである。

7.2 政策

(1) マクロ経済

(a) 円ドルレート

最初に結論を述べるならば，国の為替レート政策の基本は，企業の利潤最大化行動が，国全体の国内総生産の最大化と一致するように，為替レート水準を制御することである。

さて，多くの場合，日本の通貨当局は，外国為替市場への公的介入を，極力，少なくするように努めてきたように思われる。たとえば，円高を止めようとする場合でも，財政支出拡大（金利緩和も併せて）による内需拡大を図るなどである。しかし，それは「風が吹けば桶屋が儲かる」というのに近い効果しか無かったのである。たとえ数兆円を投入したとしても，そのような遠回りな手法では，僅か数百億円程度の元手で100倍以上のレバレッジで円買いに集中してくるような相手には勝てない場合が多いのである。それは，これまで30年間の事実によって証明済みである。

しかしながら，もし，大規模投機筋と同レベルの最先端の金融技術を維持している場合は，一定以上の経済規模の国であれば，如何なる投機筋にも負けることはない，ということがスイス国立銀行によって示された。（ただし，さらにそれを発展させて，長期にわたってサステイナブルな仕組みを構築しなければならないであろうが。）

世界の情勢をみると，口先介入や単発的介入の繰り返しなどの伝統手法では，1国の経済防衛は困難になってきているうえ，将来まで見据え

ると，コンピュータやインターネットなどの情報技術や金融プログラムの進歩が際限なく続いていくことが予想されるので（出来るだけの理解を得つつも），断固として，もっとも有効な手立てを講ずる以外に方策は無いのではなかろうか．

そして，円ドル・レートについては，少なくとも，競争条件が主要国と同じになるまでの円の切り下げが必要である．2013年から多少円高是正が行われたが，それに対しては，「若干は効果があったが，それほどでもなかった」という見方も出てきている．その原因の主なものは次の3つであると思われる．

①もともと，切り下げ幅がまだ不十分であった．
②直ぐに，半分程度を押し戻されてしまった．
③本来，効果が出るまでには相当の年月を要する．

第4章の「4.8円の相応レート」の分析結果によると，140〜150円／ドルが必要であるが，実際の2013年からの円高是正プロセスを振り返ると，円ドル・レートは，一度120円／ドル前後になったが，その後は，投機筋によって105〜110円／ドルまで戻されてしまったのである．

しかも，効果が出るまでには，相当の長期が必要なのである．30年間ないしそれ以上の期間に及ぶ円高によって，国内生産が失われていったのであるから，僅か1〜2年間の円高是正で成果を問うのは正しくはないのである．

日本の主要企業においては，設備投資の意思決定の際に，計画する工事の平均耐用年数をベースとして投資採算計算を行う．多くの場合，少なくとも10年間程度の採算計算は必ず行うので，1，2年程度，円安になったぐらいでは，新規設備投資は動き出さないのである．

経営者から見て，長期にわたって十分な円安水準が続くという見通しがあったり，通貨当局が一定の円安水準を維持するという強い姿勢を示

すのでなければ，企業はなかなか大型の国内投資には踏み切れないのである。

しかも，理論上は，相応レートでも必ずしも十分とは言い切れないのである。日本の海外生産企業は，過度の円高によって，すでに海外移転してしまっているので，その一部を国内に戻すためには，発生し得るサンク・コストをカバーするだけの円安水準が持続するという見通しも必要になるのである。

日本の場合は，主要国でもっとも大きく変動してきた国の一つであり，しかも，主要国でもっとも通貨が切り上がった国であるので，国際競争的な産業においては，大規模な国内設備投資に踏み切ることは，相当の決断を要することなのである。

(b) 株価

外国為替市場と同じように，日本においては，証券市場においても投機筋の価格支配力は相当に大きいと言われている。日本の株式市場については，少なくとも3つの難題があるように思われる。

第1は，日本とは限らず，あらゆる先進国に言えることであるが，中央銀行が金利などの金融市場の制御を行うことに対してはそれほど批判は無い，と言うより，それは中央銀行の役割であると考えられている。しかしながら，他方で，株式市場については，政府・中央銀行が影響力を行使することに対しては極めて批判的である。そうした背景もあって，日米とも株価は乱高下しやすく，時には，マクロ経済に対する深刻な脅威になっている。

第2は，投機筋は，インデックスと同時に，個別企業（または企業群）の株価を同時に動かそうとしてくるのに対して，公的機関は，特定の銘柄を売買することは難しいため，上場投資信託（ETF, Exchange-Traded Fund）の売買などで株価を制御しようとするため，投機筋に勝てない

ことが多い。

　第3は，アメリカでは，財務省が財政と金融の両方を担当しており，株価の安定化についても，非公式に財務省が行っている模様であるが，日本では，財務省から金融機能が分離され，しかも金融庁は監督的官庁であって，必ずしもマクロ経済的な視点から金融証券市場を制御するような性質の省庁ではないため，証券市場の制御体勢に関しては，日本は極めて脆弱であるように思われる。

　たとえば，外国為替市場であれば，投機筋は，通貨当局の介入によって損失が生じることを恐れながら投機を行っているが，日本の証券市場においては，そこまで大きい心配はせずに投機してくるのである。外資系の大規模投機筋による株価操作幅（操作と呼ばないことになっているが）はかなり大きいことが市場関係者によって指摘されている。

　しかし，これまでの分析において考察してきたとおり，大規模な不況の原因の多くは資産価格下落であり，株価は，マクロ経済に与える影響の大きさにおいて，地価と並ぶ最大の変数であるから，投機筋による株式市場の攪乱を制御できるような仕組みを用意しておく必要がある。それは経済面の国防ないし危機管理である。中央銀行が，金利・債券市場をコントロールすることは当然のこととされるにもかかわらず，証券市場のもう一つの構成要素である株式市場のコントロールや安定化に関しては，やや出遅れているように思われる。

　その際に，図7-3をみると，株価のバブルが発生した後，日本では，暴落したあと，長く低迷状態が続き，しかも現在でも元の水準には戻っていない。それに対して，アメリカを見ると，ほとんど日本と同じような形状でバブルが発生し，一度は暴落しかけたが，その後は再上昇して，結局のところは，資産価額の減少はほとんど起きてないことがわかる。

　もう少し詳しく，図7-4で考えてみよう。直線 l に沿って右上がりの

120　終　章

図7-3　日米の株価の推移

（資料）著者作成。

図7-4　バブル崩壊後の日本の株価のイメージ

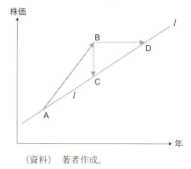

（資料）著者作成。

トレンドがあったとする。本来ならば点Cを通るはずであるが，実際の価格はバブルの発生により点Bまで上がってしまったとしよう。そのとき，どのようなルートでバブル状態から脱出するべきか。

　日本の場合は，点Bから一気に点Cまで下落したが，もう少し長い

目で見れば，トレンドは，いずれ点Dを通るのであるから，点Bからは横這いになるように制御を続ければ，バブルを崩壊させることもなく，適正水準に戻るのである．図7-3は，そのようなアメリカの実績を示していると言える．

(2) 産業

最近の20年余を観察すると，ほとんどの主要分野において，日本は，国際競争力を低下させ，シェアを低下させてきたことがわかる．ある面では，1980年代初頭のアメリカと若干似ている状況にある．このまま衰退していくことのないよう，諸外国の先例を参考にしつつ，戦略的な再生策を策定し，実行していく必要がある．

そこで，世界1，2位の経済であるアメリカと中国を見ると，アメリカは，世界最大級と言われる産学協同体制と巨額の国防予算による助成などを背景に，戦略的な産業・企業支援を行ってきた．急速に台頭しつつある中国も，ますます，選択と集中による技術開発を推進していくものと思われる．

そのような状況下，日本は現状維持さえ容易ではなく，しかも，厳しさを増していく財政事情のなかで，知恵によって現状を改善していかなければならないのである．ただし，明治期の日本や戦後のシンガポールなど，さまざまな先例もあることから，決してそれは不可能ではないと筆者は考えている．

アメリカの例で参考になるものの一つとして，商務省によって，1984年から1986年にかけて行われた，機械産業（電子機器，精密機器など）や素材産業などに関する，個別産業ごとの国際競争力評価がある．それらは，A Competitive Assessment of the U.S.‥‥というタイトルの報告書シリーズで発表されている．産業の一般的な分析だけでなく個別企業も載っており，企業ごとのランキングおよび国ごとのシェアの推移，技術

の方向性なども示されている。

　日本産業の再建には，まずは総合的な事実把握が重要であるから，日本においても，省庁横断的[24]な部署において，企業別，国別，時系列のシェア把握を含むような，産業と企業の国際競争力評価を行う必要がある。

　アメリカの手法がベストということではないが，過去に何度も国際競争力に懸念を持ったり，対応策を採ってきたアメリカを参考にすることは重要であると思われる。日米半導体交渉などにおけるアメリカの交渉の巧みさも参考にならなくはないが，むしろ，それよりも，巨大な国際調査能力を整備して，貿易相手国の内外価格調査を行う，という手法の方が，より大きい牽制になり，より効果的であるという見解もあるようである。また，日本には無いUSTRのような組織の設置も検討に値するだろう[25]。総じて言えることは，アメリカ政府の企業対応をみると，国民や国益を守ろうとする姿勢が明確であり，最優先されることである。

　明治期や戦後の日本経済は，さまざまな独創的なアイデアにより，厳しい国際競争に打ち勝ってきた。近年の日本経済は，円高や資産価格暴落により，20年余に亘る長期不況に苦しんできたが，ようやく最近になって，徐々に不況から脱しようとしている。しかしながら，かつての日本産業を牽引した機械産業などには，それほどの勢いは無く，経済を

24　食品が食材か加工食品かによって農林水産省と経済産業省，ICT関係が経済産業省と総務省，自動車が経済産業省と国土交通省，航空機が経済産業省と国土交通省などのような縦割り型行政ではなく，デマケをせずに相互乗り入れできる権限を持った部署が必要であろう。

25　本研究の際，ワシントンにおいて，アメリカの航空業研究者にヒアリングした際に，次のようなことを聞いたことがある。アメリカの大手エアラインを，周辺諸国の格安エアラインの安値攻勢から保護しようとする場合に，表だった参入規制を行うようなことはしないということである。むしろ，乗客の生命や安全の確保を表に出して，航空会社の航空機整備基準を調整するのである。どの程度の規模の整備態勢が必要かを当該空港への乗り入れ条件にするだけで，中小エアラインでは維持費負担に耐えられないのである。他の産業においても，こうした知恵を使った間接的な制約が設けられることがある。

主導するものが明確ではない。

　そうした中，政府・中央銀行は強い意志で為替レートや金融資産価格の安定化を図り，各民間企業は，先人たちを見習って，独創的なアイデアによる新しいイノベーションを推進していくことが期待される。

補　　論

　本書では、下記のような考え方を参考にした。とりわけ珍しいものはないが、学生読者のために、ここにまとめておきたい。

中間値の定理

　本来は実数の連続性に関する数学の定理の名称である。数学における意味を述べると、「平面上に直線を引く。そして、その直線に対して位置関係が互いに反対側になるように2点、A, Bをとる。点A, 点Bを結ぶ連続な曲線を引くと、その曲線と元の直線は、どこかで必ず交点を持つ。」という内容である。

　経済学ではさまざまなことに応用できる。たとえば、「為替レートが円安になれば、あるプラスの効果があるとする。そのとき、限りなく円安になっていっても同じことが言えるだろうか」という問いがその一例である。

　この問題を解く場合には、現実性が無いほど極端な円安のレートを想定するのである。たとえば、1ドル1000円とする。そして、さまざまな推論を行ったときに、現状とは異なる結果になる場合は、どこかに転換点があることになる。その点の位置はわからなくても、その点が存在することは中間値の定理から言えるのである。

市場の恣意性

　経済学では、完全競争を前提とした議論が多い。実際には完全競争の

状態から多少は離れていても，多少は完全競争で近似できる場合から，議論をスタートさせることが多い。完全競争市場は，パレート効率的であって，経済厚生が最大化されるが，そのための条件を改めて整理すると下記のとおりである。

・売り手と買い手が多数いること。
・その市場の参入退出が自由であること。
・取引コストが存在しないこと。
・企業は利潤最大化行動をとること。
・商品に均一性があること。
・規模の経済が働かないこと。
・売り手も買い手も完全情報であること。

現実が，それとはかけ離れていることはよくあることである。学問上はそれでもよいが，現実の政策においてはそれが大きい問題となる。たとえば，外国為替市場や，株式市場においては，価格支配力を駆使した大規模投機筋が跋扈している場合でも，それを通貨当局が介入して安定化しようとすると，「介入は市場を歪める」などという牽制情報が投機筋から流されて，そこで介入を諦めるということがある。この分野は，情報制約から十分な実証研究は困難であるが，自由放任下の投機筋の攪乱による経済的損失は極めて大きい，という指摘だけは長年にわたってなされてきたところである。

事業と企業の乖離

経済学の基本的な活動単位は，個人，企業，政府などである。もちろん，経営学において，企業の内部組織を研究対象とすることはあるが，マクロ経済学における経済主体の1つとして事業（または事業所）まで想定することはあまり無いように思われる。

しかしながら，現実の企業においては，事業と企業の関係は極めて重要である。たとえば，極端な円高の場合，本社機能だけを残して，すべての国内生産を停止して，海外生産に切り換えることはあり得る。簡単に言えば，経営者と本社機能だけを残して，すべての国内事業部門を廃止することが，「企業としての最適化行動」である場合がある。

このような場合においては，企業利益は最大化されるが，同社の国内総生産（GDP）は限りなくゼロに近づく。すなわち，企業価値最大化≠GDP最大化　なのである。個別企業が合理的経済行動を採ることや，利潤最大化を図ることが，マクロ経済レベルでは，経済の縮小につながるのである。

差額指標

2つの経済経営指標の差額によって定義される指標を「差額指標」と呼ぶことにする。輸出と輸入の差額である貿易収支，売上高と費用の差額である企業利益など，その例は数多く存在する。これらの指標はちょっとした状況変化によって大きく変動するという性質を持っている。

たとえば，売上高100，費用97とすると，利益は3であるが，売上高は毎期少しずつは変動するが，費用は固定費が多い事業とする。そこで，たとえば，売上高が1だけ減少して費用はほとんど変動しない場合を考えると，

　　前期　売上高100　　費用97　利益3
　　当期　売上高99　　　費用97　利益2

となる。売上高は1%減っただけであるが，利益は50%（3から2へ）も減少することになる。こうしたことはよく知られていることであるが，それでも，企業評価において「営業利益」や「当期純利益」などの

差額指標が使われたり，法人税が企業利益に依存することなどにより，経済に不安定要素を取り込む懸念があるのである．

学習

　改まって議論するときは認識されていながら，日頃の評価においては忘れがちなのが「学習」の効果である．物理学などで扱う無生物システムにおいては，同じ原因から同じ結果が生じることが物理法則の基本になっており，検証可能性が重要である．

　しかし，生物を含むシステムにおいては，同じ原因から異なる結果が生じることは少なくない．生物は学習するからである．過去の経験から学ぶことが出来なければ知的生物とは言えないのである．

　ところが，昨今は，そのような考え方を取り入れて，システム自身が学習していくことが組み込まれたプログラムが，金融市場のHigh-frequency trading（HFT，高頻度取引）などで導入されている．そのため，政府・中央銀行も，新しい市場環境に対応できることが必要である．大恐慌に対しては，「流動性の罠から脱する財政政策の導入」が提案されたように，投機の金融工学が際限なく進歩していくことに合わせて，それを制御できるような仕組みを構築し続ける必要がある．

想定現状

　新たな経済政策の実施によって経済変数が変化する場合を考える．次図において，「C点の将来のベースライン」とは，何も経済政策を変化させなかったときに予測される将来の状態である．一方，「B点の将来の結果」とは，新たな経済政策の実施によって生じた将来の状態である．

　経済政策の効果を測る場合は，「A点の現状」と「B点の将来の結果」

を比較するのではなく，「C 点の将来のベースライン」と「B 点の将来の結果」を比較しなければならない。理屈ではわかっていながら，実際にはA 点と B 点を比較している事例が散見されるので，留意する必要がある。

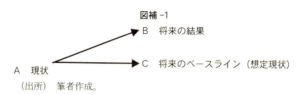

図補 -1

(出所）筆者作成。

アルキメデスの公理

ここで言及するのは，物理学に関するアルキメデスの原理（流体中の物体は，その物体が押しのけている流体の重さと同じ大きさの浮力を得る）のことではなくて，数学の無限大に関するアルキメデスの公理のことである。

この公理は，「塵も積もれば山となる」ということわざと似た意味を持つ。すなわち，ガンジス河の 1 粒の砂であっても，際限なく集まれば，その質量は銀河系よりも大きくなる，というような意味であり，無限に繰り返されることの効果の大きさを意味する。数学的な記述では，

任意の正数 c と任意の正数 ε に関し（c がどれほど大きくても），

$n \to \infty$ のとき，$n\varepsilon > c$ となる。

となる。

付表 WEF の国際競争力の全要素 (112 変数)

1st pillar: Institutions	
	1.01 Property rights
	1.02 Intellectual property protection
	1.03 Diversion of public funds
	1.04 Public trust in politicians
	1.05 Irregular payments and bribes
	1.06 Judicial independence
	1.07 Favoritism in decisions of government officials
	1.08 Wastefulness of government spending
	1.09 Burden of government regulation
	1.10 Efficiency of legal framework in settling disputes
	1.11 Efficiency of legal framework in challenging regulations
	1.12 Transparency of government policymaking
	1.13 Business costs of terrorism
	1.14 Business costs of crime and violence
	1.15 Organized crime
	1.16 Reliability of police services
	1.17 Ethical behavior of firms
	1.18 Strength of auditing and reporting standards
	1.19 Efficacy of corporate boards
	1.20 Protection of minority shareholders' interests
	1.21 Strength of investor protection
2nd pillar: Infrastructure	
	2.01 Quality of overall infrastructure
	2.02 Quality of roads
	2.03 Quality of railroad infrastructurei
	2.04 Quality of port infrastructure
	2.05 Quality of air transport infrastructure
	2.06 Available airline seat kilometers
	2.07 Quality of electricity supply
	2.08 Mobile telephone subscriptions
	2.09 Fixed telephone lines
3rd pillar: Macroeconomic environment	
	3.01 Government budget balance
	3.02 Gross national savings
	3.03 Inflation
	3.04 Government debt
	3.05 Country credit rating
4th pillar: Health and primary education	
	4.01 Business impact of malariak
	4.02 Malaria incidence
	4.03 Business impact of tuberculosisk
	4.04 Tuberculosis incidence

	4.05 Business impact of HIV/AIDS
	4.06 HIV prevalence
	4.07 Infant mortality
	4.08 Life expectancy
	4.09 Quality of primary education
	4.10 Primary education enrollment rate
5th pillar: Higher education and training	
	5.01 Secondary education enrollment rate
	5.02 Tertiary education enrollment rate
	5.03 Quality of the educational system
	5.04 Quality of math and science education
	5.05 Quality of management schools
	5.06 Internet access in schools
	5.07 Local availability of specialized research and training
	5.08 Extent of staff training
6th pillar: Goods market efficiency	
	6.01 Intensity of local competition
	6.02 Extent of market dominance
	6.03 Effectiveness of anti-monopoly policy
	6.04 Effect of taxation on incentives to invest
	6.05 Total tax rate
	6.06 Number of procedures required to start a business
	6.07 Time required to start a business
	6.08 Agricultural policy costs
	6.09 Prevalence of trade barriers
	6.10 Trade tariffs
	6.11 Prevalence of foreign ownership
	6.12 Business impact of rules on FDI
	6.13 Burden of customs procedures
	6.14 Imports as a percentage of GDP
	6.15 Degree of customer orientation
	6.16 Buyer sophistication
7th pillar: Labor market efficiency	
	7.01 Cooperation in labor-employer relations
	7.02 Flexibility of wage determination
	7.03 Hiring and firing practices
	7.04 Redundancy costs
	7.05 Effect of taxation on incentives to work
	7.06 Pay and productivity
	7.07 Reliance on professional management
	7.08 Country capacity to retain talent
	7.09 Country capacity to attract talent
	7.10 Female participation in labor force

8th pillar: Financial market development	
	8.01 Availability of financial services
	8.02 Affordability of financial services
	8.03 Financing through local equity market
	8.04 Ease of access to loans
	8.05 Venture capital availability
	8.06 Soundness of banks
	8.07 Regulation of securities exchanges
	8.08 Legal rights index
9th pillar: Technological readiness	
	9.01 Availability of latest technologies
	9.02 Firm-level technology absorption
	9.03 FDI and technology transfer
	9.04 Internet users
	9.05 Broadband Internet subscriptions
	9.06 Internet bandwidth
	9.07 Mobile broadband subscriptions
10th pillar: Market size	
	10.01 Domestic market size index
	10.02 Foreign market size index
11th pillar: Business sophistication	
	11.01 Local supplier quantity
	11.02 Local supplier quality
	11.03 State of cluster development
	11.04 Nature of competitive advantage
	11.05 Value chain breadth
	11.06 Control of international distribution
	11.07 Production process sophistication
	11.08 Extent of marketing
	11.09 Willingness to delegate authority
12th pillar: R&D Innovation	
	12.01 Capacity for innovation
	12.02 Quality of scientific research institutions
	12.03 Company spending on R&D
	12.04 University-industry collaboration in R&D
	12.05 Government procurement of advanced technology products
	12.06 Availability of scientists and engineers
	12.07 PCT patent applications

参考文献

赤間弘・御船純・野呂国央 (2002)「中国の為替制度について」,調査月報 2002 年 5 月号,日本銀行.
浅子和美 (2015)『家計・企業行動とマクロ経済変動』,岩波書店.
アメリカ商務省 (1999)『The Emerging Digital Economy Ⅰ』;室田泰弘訳『ディジタル・エコノミー』,東洋経済新報社.
アメリカ商務省 (2000)『The Emerging Digital Economy Ⅱ』;室田泰弘訳『ディジタル・エコノミー Ⅱ』,東洋経済新報社.
池内健太・金榮愨・権赫旭・深尾京司 (2013)「製造業における生産性動学と R&D スピルオーバー:ミクロデータによる実証分析」,経済研究 Vol.64, No.3.
池尾和人 (2010)『現代の金融入門』,筑摩書房.
伊藤隆敏 (2008)「中国の為替政策とアジア通貨」,RIETI Discussion Paper Series 08-J-010.
稲垣公夫 (1998)『アメリカ生産革命』,日本能率協会.
王悠介・高田良博・菅山靖史 (2014)「最近の外国為替市場の構造変化」,日銀レビュー 2014-J-5,日本銀行.
大河理沙 (2015)「外国為替市場におけるヘッジファンド:市場構造や価格形成へのインプリケーション」,日銀レビュー 2015-J-1,日本銀行.
大平号声・栗山規矩 (1995)『情報経済論入門』,福村出版.
小笠原礼以 (2008)「米国の為替レート監視改革法案と公正為替レート政策」,広島経済大学経済研究論集 Vol.30 No.3・4.
小川英治 (2013)『グローバル・インバランスと国際通貨体制』,東洋経済新報社.
川原晃 (1995)『競争力の本質』,ダイヤモンド社.
古賀麻衣子・竹内淳 (2013)「外国為替市場における取引の高速化・自動化:市場構造の変化と新たな論点」,日銀レビュー 2013-J-1,日本銀行.
古賀麻衣子・竹内淳 (2013)「外国為替市場における取引の高速化・自動化」,日銀レビュー 2013-J-1,日本銀行.
佐和隆光編 (1990)『サービス化経済入門』,中央公論社.
週刊ダイヤモンド (2013)『特集サムスン』,2013 年 11 月 16 日号.
総務省 (2015)『平成 27 年版 情報通信白書』.
谷口洋志 (1995)『公共経済学』,創成社.
通産省 (1999)『我が国企業の海外事業活動(第 27 回)』,大蔵省印刷局.
中田行彦 (2007)「液晶産業における日本の競争力」,RIETI DISCUSSION PAPER SERIES 07-J-017.
藤原茂章 (2013)「最近の株価と為替の同時相関関係の強まりについて」,日銀レビュー 2013-J-8,日本銀行.
日本銀行 (1995)「資本コストの概念と計測」,日本銀行月報,1995 年 12 月号.
野中章雄 (1996)「主要国の資本ストック測定法と我が国の状況」季刊国民経済計算 No109.
廣松毅・大平号声 (1990)『情報経済のマクロ分析』,東洋経済新報社.
深尾京司 (2012)『「失われた 20 年」と日本経済』,日本経済新聞出版社.

深尾京司・袁堂軍（2012）「中国の経済発展，産業構造変化とルイス転換点」，RIETI Discussion Paper Series 12-J-015。

深尾光洋（2010）『国際金融論講義』，日本経済新聞出版社。

藤原茂章（2013）「最近の株価と為替の同時相関関係の強まりについて」。

松本和幸（1999）「アメリカの銀行監督と破綻処理」，フィナンシャル・レビュー51号，大蔵省財政金融研究所。

松本和幸（1999）「株式価格を政策ターゲットにせよ」，論争東洋経済（18）1999-03号，東洋経済新報社。

松本和幸・白井喜久・松田正弘（1989）「円高が日本経済に与えた影響と産業の円高適応力」，フィナンシャル・レビュー15号，大蔵省財政金融研究所。

松本和幸（2009）「世界の経済見通しは様変わり」，改革者50巻12号，政策研究フォーラム。

松本和幸・二木高志・長尾知幸・白井喜久・松田正弘・桝永慎一郎（1989）「米国産業の国際競争力と累積経常赤字について」，フィナンシャル・レビュー12号，大蔵省財政金融研究所。

松本和幸（1988）「日米ハイテク産業の国際競争力と研究開発」調査，日本開発銀行。

松本和幸・花崎正晴（1989）『日米アジアNIEsの国際競争力』，東洋経済新報社。

森川正之（2014）『サービス産業の生産性分析：ミクロデータによる実証』，日本評論社。

郵政省編（1999）『平成11年版 通信白書』。

吉川洋（1984）『マクロ経済学研究』，東京大学出版会。

吉川洋（1999）『転換期の日本経済』，岩波書店。

渡部俊也・平井祐理（2016）「日本企業の技術ノウハウの保有状況と流出実態に関する質問票調査」，RIETI Discussion Paper Series 16-J-014。

和田良子（1994）「資本コストの定義および最近の議論に関する一考察」ファイナンス研究 No.18。

Auerbach, J. A. (1983). "Corporate Taxation in the United States," Brookings Papers and Economic Activity, 2, 451-513.

Bailey, Martin and Robert Gordon (1988) "The Productivity Slowdown, Measurement Issues, and the Explosion of Computer Power," *Brookings Papers on Economic Activity*.

Baruch, L., and T. Sougiannis (1999) "Penetrating the book-to-market black box: The R&D effect," *Journal of Business Finance & Accounting*, 26, 419-449.

Basu, Susanto (1996) "Procyclical Productivity: Increasing Returns or Cyclical Utilization?," *The Quarterly Journal of Economics*, Vol. 111, No. 3.

Bernstein, J. I. and P. Mohnen (1998) "International R&D Spillovers Between U.S. and Japanese R&D Intensive Sectors," *Journal of International Economics*, 44, 315-338.

BIS (2014), "Triennial Central Bank Survey – Global foreign exchange market turnover in 2013."

Cuomo Commission on Competitiveness (1992) "Rebuilding Economic Strength," M.E.Sharpe.

Deloitte (2015) "2016 Global Manufacturing Competitiveness Index," Deloitte Development LLC.

Denny, M. and M. Fuss (1983) "The Use of Discrete Variables in Superlative Index Number Comparisons," *International Economic Review*, 24, 419-421.

Diewert, Erwin (1980) "Aggregation Problems in the Measurement of Capital," in D. Usher ed., *The Measurement of Capital*, University of Chicago Press.

Dean, Edwin (1999) "The accuracy of the BLS productivity measures," *Monthly Labor Review*, February 1999.

Epstein, L. G., and M. Denny (1980) "Endogenous Capital Utilization in a Short-Run Production Model,"

Journal of Econometrics, 12, 189-207.

FDIC (1997) "History of the 80s," Federal Deposit Insurance Corporation.

Griliches, Zvi (1979) "Issues in Assessing the Contribution of Research and Development to Productivity Growth." *Bell Journal of Economics* 10, 92-123.

Griliches Zvi (1980) "R & D and the Productivity Slowdown," *The American Economic Review*, Vol. 70, No. 2.

Griliches, Zvi (1990) "Patent Statistics as Economic Indicators: A Survey," *Journal of Economic Literature*, 28, 1661-1707.

Griliches, Zvi (1995) "R&D and Productivity: Econometric Results and Measurement Issues," in P. Stoneman ed., *Handbook of the Economics of Innovation and Technological Change*, Blackwell, Oxford, U. K., 52-89.

Gulickson, W. and M. J. Harper (1987) "Multifactor Productivity in U.S. Manufacturing, 1949-83," *Monthly Labor Review*, 110, 18-28.

Hall, Bronwyn and John Van Reenen (2000) "How Effective are Fiscal Incentives for R&D? A Review of the Evidence," *Research Policy* 29, 449-470.

Harper, M. J., E. R. Berndt, and D. O. Wood (1989) "Rates of Return and Capital Aggregation Using Alternative Rental Prices," in D. W. Jorgenson and R. Landau eds., *Technology and Capital Formation*, MIT Press, Cambridge, U. S. A.

Hulten, C. R., and F. C. Wykoff (1981) "The Estimation of Economic Depreciation Using Vintage Asset Prices," *Journal of Econometrics*, 15, 367-396.

Hulten, C. R. (1990) "The Measurement of Capital," in E. R. Berndt and J. E. Triplett eds., Fifty Years of Economic Measurement, *Studies in Income and Wealth*, Volume 54, The National Bureau of Economic Research, University of Chicago Press

IMD (2015) "World Competitiveness Yearbook".

IMF (2009) "Global Financial Stability Report,"

Jorgenson, Dale and M. A. Sullivan (1981) "Inflation and Corporate Capital Recovery," in C. R. Hulten, ed., *Depreciation, Inflation, and the Taxation of Income from Capital*, Washington, The Urban Institute Press.

Jorgenson, Dale and Zvi Griliches (1967) "The Explanation of Productivity Change," *Review of Economic Studies*, 34, 249-283.

Jorgenson, Dale (1989) "Capital as a Factor of Production," in D. W. Jorgenson and R.Landau eds., *Technology and Capital Formation*, MIT Press, Cambridge, U. S. A.

Kats, Arnold and Shelby Herman (1997) "Improved Estimates of Fixed Reproducible Tangible Wealth, 1929-95, " *Survey of Current Business*, May 1997.

Krugman, Paul (1994a) "Competitiveness: A Dangerous Obsession." *Foreign Affairs* Vol. 73, No. 2.

Krugman, Paul (1994b) "The Myth of Competitiveness." *Harper's Magazine* Vol.288, No. 1729.

Krugman, Paul (1994c) "Competitiveness: Does it matter?" *Fortune* 129 (5).

Krugman, Paul (1996) "Making sense of the competitiveness debate." *Oxford Review of Economic Policy* Vol. 12, No. 3.

Lichtenberg, Frank R., and Z. Griliches (1989) "Errors of Measurement in Output Deflators," *Journal of Business and Economic Statistics*, 7, 1-9.

Martin Starr ed. (1988) "Global Competitiveness," W.W.Norton & Company

Mervyn King and Don Fullerton (1984) *"The Taxation of Income from Capital,"* The University of Chicago Press.

Nadiri, M. I., and I. R. Prucha (1996) "Estimation of the Depreciation Rate of Physical and R&D Capital in the U. S. Total Manufacturing Sector," *Economic Inquiry*, 34, 43-56.

OECD (2014) "OECD Science, Technology and Industry Outlook 2014", 2014.

Office of Technology Assessment (1991) Competing Economies, OTA-ITE-498

Office of Technology Assessment (1995) "The Effectiveness of Research and Experimental Tax Credits," Congress of the United States.

Porter, Michael (1985) *Competitive Advantage*, Free Press.

Porter, Michael (1990) *The Competitive Advantage of Nations*, Free Press.

Porter, Michael (1998) *On Competition*, Harvard Business School.

President's Commission on Industrial Competitiveness (1985) *Global Competition: The New Reality*, U.S. Government Printing Office

Richard lester (1998) "The Productive Edge," W. W. Norton & Company.

Robert McCauley and Steven Zimmer (1989) "Explaining International Differences in the Cost of Capital," *Federal Researve Bank of New York Quarterly Review*

Siegel, D. (1995) "Errors of Measurement and the Recent Acceleration in Manufacturing Productivity Growth," *The Journal of Productivity Analysis*, 6, 297-320.

Sraffa, Piero (1960) Production of Commodities by Means of Commodities: Prelude to a Critique of Economic Theory, Cambridge University Press.

United States General Accounting Office (1993) "Competitiveness Issues: The Business Environment in the United States, Japan, and Germany,"

United States Senate (2011) "Wall Street and the Financial Crisis: Anatomy of a Financial Collapse," April 13, 2011, by Permanent Subcommittee on Investigations.

U.S.Department of Commerce, "Fixed Reproducible Tangible Wealth in the United States, 1925-94," August 1999

U.S.Department of Commerce, "A competitive Assessment of the U.S. Fiber Optics Industry," International Trade Administration, U.S.Department of Commerce, September 1984.

U.S.General Accounting Office (1993), Competitiveness Issues.

World Economic Forum (2015) "The Global Competitiveness Report 2015-2016."

索　引

【数字・アルファベット】

2008 SNA　2
FDIC　82
ICT　92, 103, 104, 122
IMD　12, 13
SDR 構成通貨　41, 54

【ア行】

アジア通貨危機　50, 63, 64
円高適応　58
円高の効果　27, 42

【カ行】

海外生産　21, 22, 43, 46, 58-60, 92, 93, 97, 115, 118, 126
価格転嫁率　43-45
為替レート　39, 42-44, 48, 52, 56, 60, 62, 69, 71-75, 91, 112, 115, 116, 123, 124
競争力評議会　6, 7, 11, 12
経済の絶対規模　2, 4
購買力平価　73
コーポレート・ガバナンス　15, 16, 22
国際競争力　4-15, 17-20, 24, 27, 29, 35, 39, 44, 48, 71, 73, 87, 92, 94, 95, 97-99, 104, 109, 121, 122, 129
固定相場制　53

【サ行】

差額指標　126, 127
事業と企業の乖離　125
資本生産性　34

消費者余剰　32, 115
情報通信技術　103
スイスフラン　40, 42, 48, 55-57, 64-66
生産者余剰　32
世界経済フォーラム　4, 8
全要素生産性　34, 96
相応レート　71, 73, 92, 117, 118
想定現状　127
粗付加価値額　21, 33

【タ行】

ドイツマルク　48

【ナ行】

日米半導体協議　98

【ハ行】

波及効果　70, 106, 107
変動相場制　53, 62, 63, 113
ポンド危機　63

【ヤ行】

ヤング・レポート　5, 6
ユニット・コスト　24-27, 71, 72
ユニット・トータルコスト　24-26
ユニット・レーバーコスト　24-28, 72, 73

【ラ行】

リーマン・ショック　38, 76, 77, 79, 80, 82, 87-90
労働生産性　26, 34, 37

著者紹介

松本 和幸（まつもと・かずゆき）

高松市生まれ
京都大学数理工学科入学
サンケイ・スカラシップでアメリカ留学
京都大学数理工学科卒，同経済学部卒
経済学博士（1990年 京都大学）

1974年　日本開発銀行入行（現 日本政策投資銀行）中国支店副支店長，設備投資研究所副所長を経て，
2003年　立教大学大学院教授

この間，早稲田大学大学院経済学研究科，ブルッキングズ研究所客員研究員，豊橋技術科学大学非常勤講師，財務省財務総合政策研究所特別研究官，メリーランド大学客員教授，一橋大学経済研究所非常勤研究員を歴任。

現在　帝京大学経済学部教授，中央大学非常勤講師

著書　『日米アジアNIEsの国際競争力』（共著，東洋経済新報社，1989）
　　　『経済成長と国際収支』（編，日本評論社，2003）他多数。

国際競争力

2016年7月15日　第1版第1刷発行　　　　　　　　　検印省略

著　者　松　本　和　幸
発行者　前　野　　　隆
発行所　株式会社 文　眞　堂
東京都新宿区早稲田鶴巻町533
電　話　03（3202）8480
FAX　03（3203）2638
http://www.bunshin-do.co.jp/
〒162-0041　振替00120-2-96437

製作・モリモト印刷
© 2016
定価はカバー裏に表示してあります
ISBN978-4-8309-4908-1　C3033